Einfaches KETO DESSERTS BUNDLE

Zwei Jahre Low Carb Desserts, Snacks und Fettbomben

Elizabeth Jane

Einleitung

Vor zwei Jahren fragte eine Leserin nach "ein Jahr voller fetter Bomben". "Nun, normalerweise mache ich Mahlzeiten, die höchstens vier Portionen oder Tage reichen. Ich plane, jeden Tag eine Fettbombe zu essen.

Das sind 365 Tage geteilt durch ein Rezept, das mindestens eine Woche reicht, also 52 Rezepte? Das ist ideal. Gibt es irgendwo 52 Fettbomben-Rezepte?

Meiner Meinung nach wäre ein saisonal angepasstes Buch, in dem man die Rezepte in vier Jahreszeiten unterteilt, absolut perfekt. Um nicht immer süße, sondern auch herzhafte Rezepte zu ermöglichen, die saisonal verfügbare Produkte und viel Fett enthalten. Was ist das für eine verrückte Idee?"

Und so entstand "Ein Jahr der Fettbomben", 52 süße und herzhafte Rezepte, die entsprechend der in dieser Jahreszeit verfügbaren Zutaten saisonal angepasst wurden. Das Buch wurde zu einem großen Erfolg. Kürzlich habe ich mich daran gemacht, das zweite Buch in dieser Reihe, 'Ein Jahr der leichten Keto-Desserts', zu verfassen. Auch das war ein großer Erfolg.

Ein Leser hat um eine Zusammenstellung beider Bücher gebeten, um 105 einfache Desserts und Fettbomben in einem Buch zu vereinen, und so haben wir mit "Zwei Jahre Keto-Desserts und Fettbomben begonnen".

Ich hoffe, dass dieses Dessertbuch zu einem Grundwerkzeug in Ihrer Küche wird und dass es Ihnen Freude bereitet, wenn Sie einige Leckereien kreieren und genießen können - ganz ohne schlechtes Gewissen.

Ich würde mich über Feedback von Ihnen freuen. Falls Sie Fragen zu einem der Rezepte haben, zögern Sie bitte nicht, mir eine E-Mail zu schicken:

Elizabeth@ketojane.com

Was Ihnen Auch Gefallen Könnte

HAUSGEMACHTE KETO-SUPPEN

http://ketojane.com/soup

KETO BROT-KOCHBUCH

http://ketojane.com/bread

Die Antwort auf Ihr Keto-Abendessen-Dilemma. Einfache Keto und kohlenhydratarme Suppen und Eintöpfe, um sie glücklich zu machen, alle *mit weniger als 5 g Netto-Kohlenhydraten!*

Das Kochbuch der Keto Brot-Kochbuch enthält all die Brote, von denen Sie dachten, Sie müssten sie aufgeben.

Jeder liebt Brot! Und wenn Sie eine besonderen Diät machen und Brot vermissen, dann ist dieses Buch für Sie! Paleo, Low Carb, glutenfrei, Keto, weizenfrei, aber immer noch die gleichen tollen Geschmäcker.

Kostenlose einfach Keto-Gerichte

Ich garantiere Ihnen, dass Sie die Rezepte im Keto Pasta & Nudel-Kochbuch lieben werden, aber manchmal muss man in 2-3 Minuten etwas schnelles zusammenwürfeln.

Diese kostenlose Keto-Saucen können innerhalb von Minuten zubereitet werden und über so ziemlich jedes Keto-Gericht gegeben werden, um es von „normal" zu köstlich zu verwandeln! Wenn Sie es wirklich eilig haben, kippen Sie sie auf gekaufte Nudeln und sie haben sofort ein köstliches Gericht.

Von Marinaden bis zu Buttern, es sind einfache du köstliche Rezepte, die zu allem passen, was Sie gerade machen.

Besuchen Sie http://www.keotjane.com/sauces
um Ihre kostenlose Kopie herunterzuladen.

Ein Jahr der Keto-Rezepte

INHALT

Einleitung   3

Was Ihnen auch gefallen könnte   4

Kostenlose einfach Keto-Gerichte   5

Wie dieses Buch funktioniert   11

Ihre Anleitung zur Zubereitung köstlicher Keto Desserts   12

Hinweise zu Süssstoffen und Spezialzutaten   14

15

HERBST

KEKSE

Erdnussbutterkekse (GF, DF)   16

Die ultimativen Herbstgewürze Low Carb-Schokoladenkekse (GF)   17

Muskatnuss- & Zimtkekse mit kohlehydratfreier Vanilleglasur (GF)   18

FONDANT/HERZHAFTE BISSEN

Kürbis-Käsekuchen-Fettbomben (GF)   19

Herzhafte Meersalz & Karamell Fondant-Bissen (GF, DF, V)   20

Erdnussbutter-Fondant (GF, DF, V)   21

Schokoladentrüffel (GF)   22

DONUTS/TEEGEBÄCK

Zimt & Nelken Donuts (GF)   23

Ahorn-Zimt-Teegebäck (GF)   24

DESSERT-GERTRÄNKE

Herbstgewürzte heiße Schokolade (GF, DF, V)   25

KALTE LECKERBISSEN

Kürbis-Gewürz-Kakao-Mousse (DF, GF, V, P)   26

Kokosnusscreme-Kürbiskuchen-Milchshake (GF, DF, V, P)   27

Ahorn-Walnuss-Schlagsahne (GF)   28

FETTBOMBEN

Mandelfreuden   29

Gesalzene Karamellkegel   30

Mini-Zimtbrötchen   31

Chai-Bissen   32

Ahorn & Pekannusstäbe   33

Kürbis-Fettbomben   34

Schoko-Erdnussbutter-Explosionen   35

Kakaoüberzogene Speck-Bomben   36

Nussiges Nougat   37

Frittierter Frischkäse   38

Apfelkringel   39

Frischkäse-Wolken   40

Würzige Kürbis-Fettbomben   41

42

WINTER

KEKSE

Schokoladenkekse mit Mega-Schokoladenstückcken (GF)   43

Weiche Mini-Browniekekse (GF)   44

Low Carb Lebkuchen (GF)   45

Schneeflocken-Zuckerkekse mit weihnachtlichen Gewürzen (GF)   46

HERZHAFTE BISSEN & SCHOKOLADE

Die ultimativen Low Carb Apfelkuchen-Bissen (GF, DF, V, P)   47

Valentinstag-Schokolade-Himbeere-Fettbomben (GF)   48

Zartbitterschokolade Pfefferminzrinde (GF, DF, V, P)   49

BROWNIES, PIES & BROTE

Blondies (GF, DF, V, P)   50

Eierlikör-Brownies (GF, DF, P)   51

Weihnachtliche, herzhafte Pecan Pie Bissen (DF, GF, P)   52

Kaffeekuchen mit kohlenhydratfreier Vanilleglasur (GF)   53

Weihnachtliche Schoko-Tassecakes mit Buttercreme (GF)   54

Schoko-Pfefferminz Weihnachtsbrot (GF)   56

KALTE LECKERBISSEN

Walnuss-Parfait mit Zimtstreuseln (GF)   57

FETTBOMBEN

Frühstücksspeck-Bomben 58

Cremiges Kokosfondant 59

Muskatnuss-Nougat 60

Kakaobrownies 61

Orangenkugeln 62

Mini Minzfreuden   63

Cheddar-Tassecake   64

Samengefüllte Bomben   65

Nussige Ingwerbomben   66

Kokos-Tasses   67

Nussige weiße Schokoladentrüffel   68

Fluffige Fettbomben   69

Käse-Speckkugeln   70

71

FRÜHLING

HERZHAFTE BISSEN & SCHOKOLADE

Grashüpfer-Schokoladenbecher (GF, DF, P)   72

Samoas Fettbomben (GF)   73

Ostersonntag-Karottenkuchen-Fettbomben (GF, V, P)   74

Mandel-Buttertasses (GF, DF, P)   75

Herzhafte Zitrone-Kokosnuss-Bissen (GF)   76

BROWNIES & KUCHEN

Saint Patrick's Day Brownies (GF)   77

Funfetti Geburtstagskuchen (GF)   78

KALTE LECKERBISSEN

Meersalz-Vanille-Mandelbutter-Milchshake (GF, DF, P)   79

Himbeer-Eisbecher (GF, DF, P)   80

Erdbeer-Minze Frozen Yogurt (GF)   81

Osterlich inspirierter Kokos-Pudding (GF)   82

Key Lime Pie Pudding (GF)   83

Pistazien-Brownieteig-Milchshake (GF)   84

FETTBOMBEN

Rote Plätzchen   85

Schokoladen-Kokosbomben   86

Erdnussbutter-Explosion   87

Frischkäsekrater   88

Herzhafte Lachsbissen   89

Kokosnuss-Schoko-Fondant   90

Matcha & Zartbitterschokolade Becher   91

Herzhafte Limettenkuchen   92

St. Patrick's Fudge   93

Fenchel- und Mandelbissen   94

Weiße Schokoladenbomben   95

Cremige Avocado- und Speckkugeln   96

Makronen   97

98

SOMMER

FETTBOMBEN & MOUSSE

Gefrorene Keksteig-Fettbomben (GF, DF, P)   99

Gefrorene Brownie-Fettbomben (GF, DF, P)   100

Erdbeer-Mousse (GF)   101

KALTE LECKERBISSEN

Super cremiger Schoko-Erdnussbutter-Milchshake (DF, GF)   102

Dekadentes Brombeereis (ohne Rühren) (GF)   103

Himbeer-Sahne-Eiscreme (ohne Rühren) (GF)   104

Veganer Heidelbeer Frozen "Yogurt" (GF, DF, P)   105

Erdbeer & Sahne Frozen "Yogurt" am Stiel (GF)   106

Orangen-Cremeschnitte (GF)   107

Herzhafter Mokka-Milchshake (GF)   108

Kokosnuss-Schoko-Lutscher (GF, DF, P)   109

Schokolade & Mandel-Minz-Pudding (GF, DF, P)   110

Hausgemachtes Erdbeer-Schlagsahne-Parfait (GF)   111

FETTBOMBEN

Würzige Kokosbomben   112

Mascarpone-Mocha-Fettbomben   113

Tropische Trüffel   114

Peperoni Pizzagebäck   115

Schnittlauch & Käse   116

Gelee-Fettbomben   117

Beeren-Käse-Nusskugeln   118

Mini Erdbeer-Käsekuchen   119

Eiscreme Fettbomben   120

Heidelbeerbomben   121

Zitronenbomben   122

Winzige würzige Explosionen   123

Käse-Knoblauch-Fettbomben   124

WIE DIESES
Buch funktioniert

Dieses Kochbuch enthält hilfreiche Backtipps, die Ihnen helfen, die bestmöglichen Ergebnisse zu erzielen. Es gibt auch Serviervorschläge, um Ihnen eine Vorstellung davon zu geben, mit was jedem dieser Rezepte gut zusammenpasst.

Sie werden außerdem feststellen, dass es bei jedem Rezept oben rechts fünf Symbole gibt. Ein Schlüssel zu diesen Symbolen ist unten aufgeführt:

VORBEREITUNGSZEIT:

Zeitaufwand für die Zubereitung des Rezeptes. Die Kochzeit ist nicht enthalten.

KOCHZEIT:

Zeit, die benötigt wird, um das Rezept zu kochen. Die Vorbereitungszeit ist nicht enthalten.

PORTIONEN:

Wie viele Portionen jedes Rezept ergibt. Dies kann angepasst werden. Wenn Sie zum Beispiel die Menge aller Zutaten verdoppeln, können Sie doppelt so viele Portionen machen.

IHRE ANLEITUNG ZUR ZUBEREITUNG KÖSTLICHER
Keto Desserts

Um Ihnen den Einstieg zu erleichtern, habe ich eine kurze Anleitung zusammengestellt, wie Sie das Beste aus dem Backen herausholen können und wie Sie die Zubereitung von Low Carb Desserts lustig und lecker gestalten können.

Hier sind einige Tipps, die Ihnen helfen, das köstlichste Low Carb-Dessert herzustellen, das Sie je probiert haben!

#1

AUF QUALITÄT FOKUSSIEREN: Qualität wird hier wirklich eine Rolle spielen. Ich habe dafür gesorgt, dass diese Rezepte simpel genug sind, dass Sie den Vanilleextrakt oder die Noten von Kokosraspel schmecken können. Sie möchten diese Aromen schmecken, also konzentrieren Sie sich auf hochwertigen reinen Vanilleextrakt und hochwertige Backgewürze, um die Aromen wirklich hervorzuheben.

 # 2 **WÄHLEN SIE NATÜRLICHES STEVIA:** Sie werden feststellen, dass ich aus verschiedenen Gründen in vielen dieser Rezepte Stevia verwende. Zum einen reduziert es die Kohlenhydrat-Menge, und zum anderen können Sie einige aromatisierte Steviaoptionen kaufen (mein persönlicher Liebling ist Vanillecreme), die Ihren Backrezepten eine nette Note hinzufügen. Achten Sie aber darauf, dass Sie sich an die halten, die natürlich und nicht künstlich aromatisiert sind.

 # 3 **AUF DAS FETT FOKUSSIEREN:** Ich habe in diesen Rezepten viel Kokosöl und Butter verwendet, also sollten Sie sich unbedingt damit eindecken! Sie werden sie in vielen der Rezepte großzügig verwenden.

 # 4 **MACHEN SIE ES PALÄO:** Möchten Sie Ihre Rezepte paläofreundlich gestalten? Versuchen Sie, die Milchprodukte auszutauschen, indem Sie Kokosmilch anstelle von Milch und Kokosöl anstelle von Butter verwenden.

 # 5 **HABEN SIE SPASS:** Nicht jeder liebt es zu backen, also habe ich versucht, diese Rezepte einfach und nicht sehr zeitaufwendig zu machen, damit wir etwas Spaß beim Backen von Low Carb-Desserts haben können. Viel Spaß damit! Schließlich ist das Endergebnis ein Low Carb-Genuss, den Sie ohne schlechtes Gewissen genießen können.

HINWEISE ZU SÜSSSTOFFEN
und Spezialzutaten

Als Möglichkeit, Variationen dieser Dessertrezepte zuzubereiten, finden Sie eine Vielzahl von kohlenhydratarmen Süßstoffen. Sie können gerne einen gegen den anderen tauschen. Wenn Sie beispielsweise Stevia gegenüber Erythritol bevorzugen, verwenden Sie Stevia! Wenn Sie keine Mönchsfrucht finden, können Sie stattdessen Swerve verwenden. Zögern Sie nicht, kreativ zu sein und verwenden Sie in jedem Rezept ihren gewünschten Low Carb-Süßstoff.

Das Gleiche gilt für bestimmte Spezialzutaten wie aluminiumfreiem Backpulver. Um viele dieser Rezepte paläofreundlich zu machen, werden Sie feststellen, dass ein Rezept aluminium- und glutenfreies Backpulver erfordert. Wenn Sie die aluminium- und glutenfreie Version nicht finden, können Sie gerne normales Backpulver verwenden.

Viele Rezepte erfordern auch flüssiges Vanille-Stevia, aber Sie können gerne auch normales flüssiges Stevia oder einen Geschmack Ihrer Wahl verwenden!

Sie werden außerdem auf einige Rezepte stoßen, die Ghee erfordern. Wenn Sie Ghee nicht finden können, können Sie stattdessen einfach Butter verwenden.

Diese Rezepte sind so konzipiert, dass sie köstlich sind und den Spaß beim Backen von Low Carb-Desserts wieder aufleben lassen, also zögern Sie nicht, die Zutaten nach Ihrem Geschmack und Ihren Vorlieben anzupassen!

HERBST

Kekse

ERDNUSSBUTTER *Kekse*

Schwierigkeitsgrad: 2 | 20 minuten (plus Abkühlzeit) | 8-10 minuten | x16 (1 Keks pro portion) €€

ZUTATEN:

- 500g ungesüßte Erdnussbutter (verwenden Sie Mandelbutter für eine Paläo-Version).
- 2 Eier
- 2 Teelöffel Flüssiges Stevia
- 1 Teelöffel reiner Vanilleextrakt
- 1 Teelöffel gluten- und aluminiumfreies Backpulver

Füllung:

- 105g Kokosöl
- 87g dunkle, ungesüßte Schokoladenchips

Nährwertinformationen:

Kohlenhydrate: 8g   Fett: 27g
Ballaststoffe: 3g   Eiweiß: 8g
Netto-Kohlenhydrate: 5g   Kalorien: 298

ZUBEREITUNG:

1. Den Ofen auf 175°C vorheizen und ein Backblech mit Backpapier auslegen.
2. Erdnussbutter und Eier in eine Rührschüssel geben und umrühren.
3. Die restlichen Zutaten zugeben und gut vermischen.
4. Lassen Sie ca. 2,5cm große Bällchen auf das mit Backpapier ausgekleidete Backblech fallen.
5. Drücken Sie mit dem Daumen in die Mitte jedes Kekses.
6. 8-10 Minuten oder bis die Kanten braun werden backen.
7. Während die Kekse gebacken werden, geben Sie das Kokosöl und die dunklen Schokoladenstücke bei schwacher bis mittlerer Hitze in einen Topf und rühren Sie sie um, bis sie geschmolzen sind.
8. Sobald die Kekse fertig sind, schaufeln Sie etwa 1 Teelöffel der Schokoladenmischung in die Mitte jedes Kekses.
9. Schokoladenmasse aushärten lassen und genießen.

Vorbereitungsanleitung:

Sie können auch zuckerfreie Marmelade in der Mitte dieser Cookies verwenden, wenn Sie kein Schokoladenfan sind. Fügen Sie die Marmelade hinzu, bevor die Kekse in den Ofen kommen.

Serviervorschlag:

Mit einem Glas ungesüßter Mandelmilch servieren.

DIE ULTIMATIVEN HERBSTGEWÜRZE LOW CARB-SCHOKOLADEN *Kekse*

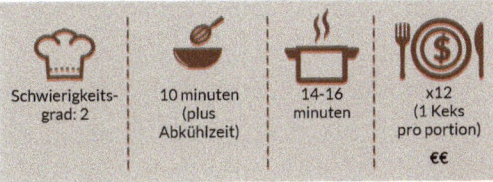

ZUTATEN:

- 190g fein gemahlenes Mandelmehl
- 2 Eier
- 115g Butter, geschmolzen (verwenden Sie Kokosöl für eine Paläo-Version)
- 60g Rohkakao-Nibs
- 3 Esslöffel Mönchsfrucht-Süßstoff
- 1 Teelöffel gluten- und aluminiumfreies Backpulver
- 1 Teelöffel Kürbiskuchenkuchengewürz
- ½ Teelöffel gemahlener Zimt
- 1 Teelöffel reiner Vanilleextrakt
- ½ Teelöffel Meersalz

ZUBEREITUNG:

1. Den Ofen auf 175°C vorheizen und ein Backblech mit Backpapier auslegen.
2. Die geschmolzene Butter, Vanille und Eier in eine Rührschüssel geben und verquirlen.
3. Die gesamten trockenen Zutaten außer den Kakao-Nibs in eine Rührschüssel geben und gut vermischen.
4. Die feuchte Mischung in die trockene geben und verquirlen, bis keine Klumpen mehr übrig sind.
5. Die Kakao-Nibs unterheben.
6. 12 große Kekse auf das mit Backpapier ausgekleidete Backblech legen und 14-16 Minuten oder bis die Ränder braun werden backen.
7. Abkühlen lassen und genießen!

Vorbereitungsanleitung:

Sie können auch ungesüßte dunkle Schokoladenstücke verwenden, wenn Sie keine Rohkakao-Nibs finden.

Serviervorschlag:

Mit einem Glas ungesüßter Mandelmilch servieren.

Nährwertinformationen:

- **Kohlenhydrate:** 6g
- **Ballaststoffe:** 2g
- **Netto-Kohlenhydrate:** 4g
- **Fett:** 14g
- **Eiweiß:** 3g
- **Kalorien:** 158

Herbst-Rezepte

MUSKATNUSS & ZIMT *Kekse*
MIT NO-CARB VANILLA ICING

ZUTATEN:

- 240g fein gemahlenes Mandelmehl
- 2 Eier
- 115g Butter, geschmolzen (verwenden Sie Kokosöl für eine Paläo-Version)
- 3 Esslöffel Mönchsfrucht-Süßstoff (verwenden Sie Ahornsirup für eine Paläo-Version)
- 1 Teelöffel gluten- und aluminiumfreies Backpulver
- 1 Teelöffel gemahlene Muskatnuss
- 1 Teelöffel Zimt gemahlen
- 1 Teelöffel reiner Vanilleextrakt
- ½ Teelöffel Meersalz

Glasur:

- 200g Crème Double (verwenden Sie ungesüßte Kokoscreme für eine Paläo-Version)
- 50g Swerve (verwenden Sie reinen Ahornsirup für eine Paläo-Version)
- 2 Teelöffel reiner Vanilleextrakt

Nährwertinformationen:

Kohlenhydrate: 6g	**Fett:** 13g
Ballaststoffe: 1g	**Eiweiß:** 2g
Netto-Kohlenhydrate: 5g	**Kalorien:** 130

ZUBEREITUNG:

1. Den Ofen auf 175°C vorheizen und ein Backblech mit Backpapier auslegen.
2. Die geschmolzene Butter, Vanille und Eier in eine Rührschüssel geben und verquirlen.
3. Alle trockenen Zutaten außer den Kakao-Nibs in eine Rührschüssel geben und gut vermischen.
4. Die feuchte Mischung in die trockene geben und verrühren, bis keine Klumpen mehr übrig sind.
5. 14 Kekse auf das mit Backpapier ausgekleidete Backblech legen und 14-16 Minuten oder bis die Kanten braun werden backen.
6. Während die Kekse gebacken werden, die Vanilleglasur zubereiten, indem Sie die Zutaten in einen Hochgeschwindigkeitsmixer oder eine Rührschüssel geben und mit einem Handmixer schlagen, bis sich weiche Spitzen bilden.
7. Die Kekse abkühlen lassen und dann mit einem Löffel Vanilleglasur überziehen.

Vorbereitungsanleitung:

Sie können einen Esslöffel rohen, ungesüßten Kakao hinzufügen, um diese Cookies noch dekadenter zu machen.

Serviervorschlag:

Mit einem Glas ungesüßter Mandelmilch servieren.

Fondant / Herzhafte Bissen

KÜRBIS-KÄSEKUCHEN
Fettbomben

ZUTATEN:

- 225g Frischkäse
- 2 Esslöffel Ghee
- 25g pures Kürbispüree
- 1 Teelöffel Kürbiskuchenkuchengewürz
- 1 Teelöffel reiner Vanilleextrakt
- 10 Tropfen flüssiges Vanille-Stevia

Schwierigkeitsgrad: 1 | 15 minuten (plus Abkühlzeit) | 0 minuten | x8 (1 Fettbomben pro portion) €€

GF

ZUBEREITUNG:

1. Den geschlagenen Frischkäse, Ghee und Kürbispüree in eine Küchenmaschine oder einen Mixer geben und mischen, bis die Mischung vermischt und "fluffig" ist.
2. Das Kürbiskuchengewürz, den Vanilleextrakt und Stevia hinzufügen und erneut schlagen.
3. Die Mischung in Silikon-Backförmchen gießen. Alternativ können Sie Mini-Muffin-Dosen mit Muffinpapier auslegen und etwa 1 Esslöffel der Mischung in jede Form oder jedes Muffinpapier schöpfen.
4. Vor dem Servieren ca. 1 Stunde einfrieren und die Reste im Gefrierschrank aufbewahren.

Vorbereitungsanleitung:

Sie können anstelle von Ghee auch normale Butter verwenden, wenn Sie möchten.

Serviervorschlag:

Mit einer Tasse heißem Kaffee oder Tee als köstliche After-Dinner-Leckerei servieren.

Nährwertinformationen:

Kohlenhydrate: 5g
Ballaststoffe: 0g
Netto-Kohlenhydrate: 5g
Fett: 13g
Eiweiß: 2g
Kalorien: 133

HERZHAFTE MEERSALZ & KARAMELL *Bissen*

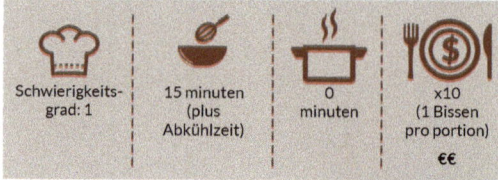

Schwierigkeitsgrad: 1 | 15 minuten (plus Abkühlzeit) | 0 minuten | x10 (1 Bissen pro portion) €€

GF DF V

ZUTATEN:

- 210g Kokosöl
- 10 Tropfen flüssiges Vanille-Stevia
- 20g rohes, ungesüßtes Kakaopulver
- 1 Teelöffel reiner Vanilleextrakt
- 1 Teelöffel zuckerfreier Karamell-Extrakt
- 1 Prise Meersalz

ZUBEREITUNG:

1. Mini-Tassecake-Formen mit Tassecake-Papier ausstatten und das Kokosöl und Stevia in eine Rührschüssel geben und mit einem Handmixer schlagen.
2. Kakaopulver, Vanille, Karamell-Extrakt und Salz hinzufügen.
3. In die ausgekleideten Muffinformen geben und für ca. 20 Minuten oder bis zum Aushärten einfrieren.
4. Genießen und die Reste im Gefrierschrank lagern.

Vorbereitungsanleitung:

Sie können auch Silikon-Tassecake-Formen verwenden, um sie herzustellen.

Serviervorschlag:

Mit einem Glas ungesüßter Mandelmilch servieren.

Nährwertinformationen:

Kohlenhydrate: 1g	Fett: 22g
Ballaststoffe: 1g	Eiweiß: 0g
Netto-Kohlenhydrate: 0g	Kalorien: 194

ERDNUSSBUTTER
Fondant

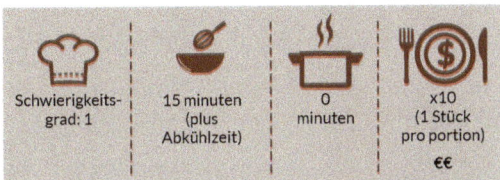

Schwierigkeitsgrad: 1 | 15 minuten (plus Abkühlzeit) | 0 minuten | x10 (1 Stück pro portion) €€

ZUTATEN:

- 210g Kokosöl
- 10 Tropfen flüssiges Stevia
- 125g ungesüßte Erdnussbutter (verwenden Sie Mandelbutter für eine Paläo-Version)
- 1 Teelöffel reiner Vanilleextrakt
- 1 Prise Meersalz

ZUBEREITUNG:

1. Ein Backblech mit Backpapier auslegen und Kokosöl und Stevia in eine Rührschüssel geben und mit einem Handmixer schlagen.
2. Erdnussbutter, Vanille und Salz hinzufügen.
3. Die Masse auf das ausgekleidete Backblech schöpfen und auf ca. 2,5cm Dicke flach drücken.
4. Für ca. 20 Minuten oder bis zum Aushärten einfrieren und in kleine Quadrate schneiden.
5. Lagern Sie die Reste abgedeckt im Gefrierschrank.

Nährwertinformationen:

Kohlenhydrate: 3g **Fett:** 28g
Ballaststoffe: 1g **Eiweiß:** 2g
Netto-Kohlenhydrate: 2g **Kalorien:** 261

Vorbereitungsanleitung:

Sie können sie mit Tassecake-Silikonformen auch zu Mini-Fondant-Bissen verarbeiten.

Serviervorschlag:

Mit einer Tasse Tee oder Kaffee servieren.

SCHOKOLADEN *Trüffel*

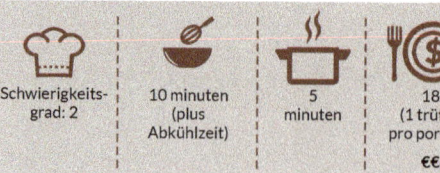

Schwierigkeitsgrad: 2 | 10 minuten (plus Abkühlzeit) | 5 minuten | 18 (1 trüffel pro portion) €€

GF

ZUTATEN:

- 175g ungesüßte dunkle Schokoladenchips
- 4 Esslöffel Butter
- 100g Crème Double
- 50g Swerve
- ½ Teelöffel reiner Vanille-Extrakt
- 45g rohes, ungesüßtes Kakaopulver als Überzug

ZUBEREITUNG:

1. Die Schokoladenchips und die Butter bei schwacher Hitze in einen Topf geben. Rühren, bis sie geschmolzen sind.
2. Swerve und den Vanilleextrakt unterrühren.
3. Vom Herd nehmen und die Crème Double unterrühren.
4. Die Mischung mindestens 4 Stunden lang kühl stellen.
5. Nach dem Abkühlen die gehärtete Schokoladenmischung mit einem kleinen Kekslöffel aushöhlen und auf ein mit Pergament ausgelegtes Backblech fallen lassen.
6. Mit dem Kakaopulver bestreuen und kühl stellen, bis Sie sie genießen möchten.

Nährwertinformationen:

Kohlenhydrate: 8g Fett: 12g
Ballaststoffe: 3g Eiweiß: 2g
Netto-Kohlenhydrate: 5g Kalorien: 135

Vorbereitungsanleitung:

Sie können auf Wunsch 1 Teelöffel Stevia anstelle von Swerve verwenden.

Serviervorschlag:

Mit einer Tasse Tee oder Kaffee servieren.

ZIMT & NELKEN
Donuts

Donuts / Teegebäck

Schwierigkeitsgrad: 2 | 20 minuten | 0 minuten | x6 (1 donut pro portion) €€

GF

ZUTATEN:

- 95g fein gemahlenes Mandelmehl
- 2 Eier
- 55g ungesalzene Butter, geschmolzen (verwenden Sie geschmolzenes Ghee für eine Paläo-Version)
- 50g Crème Double (verwenden Sie vollfette ungesüßte Kokosmilch für eine Paläo-Version)
- 1 Teelöffel gemahlener Zimt
- ¼ Teelöffel gemahlene Nelken
- 2 Teelöffel aluminium- und glutenfreies Backpulver
- 1 Teelöffel reiner Vanilleextrakt
- 2 Teelöffel flüssiges Stevia
- Kokosöl zum Einfetten

Zimt-Nelken-Glasur:

- 105g geschmolzenes Kokosöl
- 2 Esslöffel Mönchsfrucht-Süßstoff
- 1 Esslöffel gemahlener Zimt
- ¼ Teelöffel gemahlene Nelken

Nährwertinformationen:

Kohlenhydrate: 4g   Fett: 31g
Ballaststoffe: 2g   Eiweiß: 3g
Netto-Kohlenhydrate: 2g   Kalorien: 299

ZUBEREITUNG:

1. 75°C vorheizen und eine Donutpfanne einfetten.
2. Die Donutmischung herstellen, indem sie alle trockenen Zutaten in eine große Rührschüssel geben und umrühren.
3. Eier, zerlassene Butter, Schlagsahne, Vanille und Stevia in einer separaten Schüssel verquirlen und dann langsam in die Trockenmasse einrühren. Rühren, bis keine Klumpen mehr übrig sind.
4. Die Mischung in die vorgefettete Donutpfanne gießen und 20-25 Minuten backen.
5. Während die Donuts gebacken werden, stellen Sie den Zimt- und Nelkenüberzug her, indem Sie Mönchsfrucht, Zimt und gemahlene Nelken in einer großen Rührschüssel zusammenschlagen. Beiseite stellen.
6. Sobald die Donuts fertig sind, abkühlen lassen und das Kokosöl in einer großen Rührschüssel schmelzen. Tauchen Sie jeden Donut in das geschmolzene Öl und bedecken Sie beide Seiten.
7. Sofort mit der Zimt-Nelken-Mischung bestreuen. Auf Wunsch auch etwas Stevia-Pulver darüber streuen.

Vorbereitungsanleitung:

Wenn Sie kein Fan von Nelken sind, können Sie Zimt verwenden und die Menge auf 1¼ Teelöffel in der Donutmischung und 1¼ Esslöffel in der Überzugsmischung erhöhen.

Serviervorschlag:

Auf Wunsch mit einer Portion Frischkäse servieren.

Herbst-Rezepte

AHORN-ZIMT
Teegebäck

ZUTATEN:

- 120g fein gemahlenes Mandelmehl
- 50ml ungesüßte Kokosmilch
- 1 Ei
- 50g Mönchsfrucht-Süßstoff
- 1 Teelöffel gluten- und aluminiumfreies Backpulver
- 2 Esslöffel Butter, geschmolzen (verwenden Sie geschmolzenes Kokosöl für eine Paläooption)
- 1 Teelöffel reiner Vanilleextrakt
- 1 Teelöffel Zimt gemahlen
- 1 Teelöffel zuckerfreier Ahornextrakt (verwenden Sie 1 Esslöffel Ahornsirup für eine Paläo-Version)
- ½ Teelöffel Meersalz

ZUBEREITUNG:

1. Den Ofen auf 175°C vorheizen und ein Backblech mit Backpapier auslegen.
2. Die trockenen Zutaten in eine große Rührschüssel geben und gut vermischen.
3. Die Kokosmilch, das Ei und die geschmolzene Butter, das Vanilleextrakt und Ahornextrakt hinzufügen. Gut mischen.
4. Den Teig zu einem großen Kreis formen, auf dem Backpapier platzieren und auf etwa 2,5cm Höhe drücken.
5. In 6 Stücke schneiden und etwa 20 Minuten oder bis die Ränder braun werden backen.
6. Abkühlen lassen und genießen!

Vorbereitungsanleitung:

Auf Wunsch können Sie dem Teig frische Früchte wie Himbeeren hinzufügen.

Serviervorschlag:

Auf Wunsch mit geschlagenem Frischkäse servieren.

Nährwertinformationen:

Kohlenhydrate: 3g
Ballaststoffe: 2g
Netto-Kohlenhydrate: 1g
Fett: 10g
Eiweiß: 3g
Kalorien: 105

Dessert-Getränke

HERBSTGEWÜRZTE HEISSE
Schokolad

Schwierigkeitsgrad: 1 | 5 minuten | 5 minuten | x1 (ca. ½ Tasse) €

GF DF V

ZUTATEN:

- 100ml ungesüßte Vollfett-Kokosmilch
- 1 Esslöffel rohes, ungesüßtes Kakaopulver
- ¼ Teelöffel gemahlener Zimt
- ⅛ Teelöffel gemahlene Muskatnuss
- ⅛ Teelöffel gemahlene Nelken
- 1 Teelöffel Vanilleextrakt
- 1 Tropfen flüssiges Vanillecreme-Stevia

ZUBEREITUNG:

1. Alle Zutaten bei schwacher oder mittlerer Hitze in einen Topf geben und verrühren, bis sie erwärmt sind.
2. In Ihre Lieblingstasse gießen und genießen!

Vorbereitungsanleitung:

Fügen Sie auf Wunsch eine Prise Kürbisgewürz hinzu.

Serviervorschlag:

Auf Wunsch mit einer Portion ungesüßter Schlagsahne servieren.

Nährwertinformationen:

Kohlenhydrate: 10g

Ballaststoffe: 5g

Netto-Kohlenhydrate: 5g

Fett: 30g

Eiweiß: 4g

Kalorien: 292

Herbst-Rezepte

Kalte Leckereien
KÜRBIS-GEWÜRZ KAKAO-*Mousse*

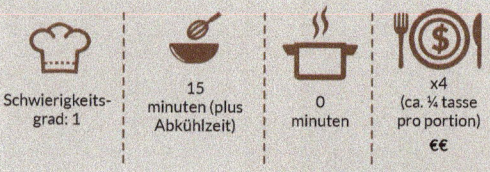

Schwierigkeitsgrad: 1 | 15 minuten (plus Abkühlzeit) | 0 minuten | x4 (ca. ¼ tasse pro portion) €€

GF DF V P

ZUTATEN:

- 400ml ungezuckerte Vollfett-Dosen-Kokosmilch (Dose über Nacht in den Kühlschrank stellen)
- 55g pures Kürbispüree
- 2 Esslöffel rohes, ungesüßtes Kakaopulver
- ½ Teelöffel Kürbiskuchenkuchen
- 10 Tropfen flüssiges Vanille-Stevia

ZUBEREITUNG:

1. Die Kokosnusscreme in einen Mixer oder eine Küchenmaschine geben und ca. 2 Minuten schlagen, bis sie cremig ist.
2. Die restlichen Zutaten zugeben und mischen, bis sie vermischt sind.
3. Die Mischung in 4 kleine Serviergläser oder -schalen schöpfen und vor dem Servieren mindestens 1 Stunde lang kalt stellen.

Serviervorschlag:

Auf Wunsch mit einer zusätzlichen Prise Kürbiskuchengewürz servieren.

Nährwertinformationen:

Kohlenhydrate: 5g

Ballaststoffe: 2g

Netto-Kohlenhydrate: 3g

Fett: 8g

Eiweiß: 1g

Kalorien: 87

KOKOSNUSSCREME-KÜRBISKUCHEN-Milchshake

Schwierigkeitsgrad: 1 | 10 minuten | 0 minuten | x2 (ca. ein ½ tasse pro portion) €€

GF DF V P

ZUTATEN:

- 200ml ungesüßte Vollfett-Kokosmilch
- 30g pures Kürbispüree
- ¼ Teelöffel Kürbiskuchenkuchen-Gewürz
- 1 Teelöffel reiner Vanilleextrakt

ZUBEREITUNG:

1. Geben Sie alle Zutaten in einen Hochgeschwindigkeitsmixer und mischen Sie sie zu einem glatten Ganzen.
2. Sofort genießen.

Vorbereitungsanleitung:

Mischen Sie bei Dosen-Kokosmilch zuerst den Inhalt der Dose, um Kokosmilch und Creme gleichmäßig zu kombinieren.

Serviervorschlag:

Wenn Sie nicht auf Milchprodukte verzichten, können Sie dieses Rezept auch mit Crème Double zubereiten.

Nährwertinformationen:

Kohlenhydrate: 8g   Fett: 29g
Ballaststoffe: 3g   Eiweiß: 3g
Netto-Kohlenhydrate: 5g   Kalorien: 288

AHORN-WALNUSS
Schlagsahne

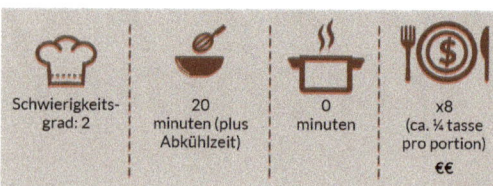

Schwierigkeitsgrad: 2 | 20 minuten (plus Abkühlzeit) | 0 minuten | x8 (ca. ¼ tasse pro portion) €€

GF

ZUTATEN:

- 400g Schlagsahne
- 2 Esslöffel Ghee
- 2 Teelöffel zuckerfreier Ahornextrakt
- 1 Teelöffel reiner Vanilleextrakt
- 140g gehackte Walnüsse
- 10 Tropfen flüssiges Vanille-Stevia
- ½ Teelöffel Guarkernmehl

ZUBEREITUNG:

1. Eine große Rührschüssel zum kühlen für etwa 20 Minuten in den Kühlschrank stellen.
2. Entfernen Sie die gekühlte Schüssel und geben Sie die Schlagsahne hinein. Mit einem Handrührgerätmixer, bis sich steife Spitzen bilden.
3. Die restlichen Zutaten außer die Walnüsse und das Guarkernmehl hinzufügen. Rühren, bis sie kombiniert sind.
4. Die gehackten Walnüsse und das Guarkernmehl vorsichtig unterheben und in einem luftdichten Behälter über Nacht oder für mindestens 8 Stunden aufbewahren.

Vorbereitungsanleitung:

Sie können es vorbereiten, im Kühlschrank aufbewahren und dann vor dem Servieren noch einmal aufschlagen.

Serviervorschlag:

Mit einer Schüssel Ihres Lieblings-Low Carb-Eis servieren.

Nährwertinformationen:

Kohlenhydrate: 3g

Ballaststoffe: 1g

Netto-Kohlenhydrate: 2g

Fett: 24g

Eiweiß: 4g

Kalorien: 230

MANDEL-FREUDEN

Fettbomben

Portionen : 12
Vorbereitungszeit : 10 minuten
Kochzeit : Keine
Gefrierzeit : 2 stunden

ZUSATZTIPP

Ich empfehle, die Butter in einem Doppeltopf zu schmelzen, weil das direkte Schmelzen die Butter verbrühen und verbrennen kann, wodurch der Geschmack ruiniert wird. Geben Sie für etwas mehr Textur einige gehackte Mandeln zu.

ZUTATEN:

- 510g Bio-Butter.
- 55g Crème Double
- 75g Kakaopulver
- 65g granulierte Stevia
- 4 Esslöffel Mandelbutter
- 1 Teelöffel Vanilleextrakt

ZUBEREITUNG:

1. Die Butter in einem Doppeltopf schmelzen lassen.
2. Den Rest der Zutaten zugeben und gut vermischen.
3. In Ihre Lieblingsform geben und für 2 Stunden einfrieren.

NÄHRWERTINFORMATIONEN (Pro portion)

Kalorien: 350 Fett: 38g Eiweiß: 2g Gesamt-Kohlenhydrate: 4g Ballaststoffe: 2g Netto-Kohlenhydrate: 0g

GESALZENE KARAMELL-KEGEL

Portionen: 12   Vorbereitungszeit: 5 minuten   Kochzeit: Keine   Gefrierzeit: 2 Stunden

ZUTATEN:

- 70g Kokosöl
- 75g Bio-Butter
- 2 Esslöffel Schlagsahne
- 2 Esslöffel Sauerrahm
- 1 Esslöffel Karamellzucker
- 1 Teelöffel Meersalz
- Stevia nach Geschmack

ZUBEREITUNG:

1. Butter und Kokosöl weich werden lassen.
2. Alle Zutaten zu einem Teig verrühren.
3. In eine kegelförmige oder dreieckige Form gießen. Einfrieren, bis sie fest sind.
4. Etwas mehr Salz darüber streuen und genießen!
5. Im Kühlschrank aufbewahren.

ZUSATZTIPP

Verwenden Sie kein normales Speisesalz. Verwenden Sie ein gröberes Salz wie koscheres oder Meersalz, das die

NÄHRWERTINFORMATIONEN (Pro portion)

Kalorien: 100   Fett: 12g   Eiweiß: 0g   Gesamt-Kohlenhydrate: 1g   Ballaststoffe: 0g   Netto-Kohlenhydrate: 1g

MINI ZIMTBRÖTCHEN

Portionen: 12   Vorbereitungszeit: 5 minuten   Kochzeit: Keine   Gefrierzeit: 2 stunden

ZUTATEN:

- 225g Frischkäse
- 115g Bio-Butter
- 4 Esslöffel Kokosöl
- 1 Teelöffel Vanilleextrakt
- ¼ Teelöffel gemahlener Zimt
- ⅛ Teelöffel gemahlene Muskatnuss
- Stevia nach Geschmack

ZUBEREITUNG:

1. Butter und Kokosöl weich werden lassen. Den Frischkäse unterrühren.
2. Den Rest der Zutaten zugeben und zu einer Masse vermischen.
3. In Silikonformen gießen und bis zum Aushärten einfrieren.

ZUSATZTIPP

Mit etwas zuckerfreiem Karamellsirup bestreuen.

NÄHRWERTINFORMATIONEN (Pro portion)

Kalorien: 165   Fett: 18g   Eiweiß: 1g   Gesamt-Kohlenhydrate: 1g   Ballaststoffe: 0g   Netto-Kohlenhydrate: 1g

Herbst-Rezepte

CHAI-BISSEN

Portionen: 12   Vorbereitungszeit: 5 minuten   Kochzeit: Keine   Gefrierzeit: 2 stunden

ZUTATEN:
- 225g Frischkäse
- 210g Kokosöl
- 55g Bio-Butter.
- 2 Teelöffel gemahlener Ingwer
- 2 Teelöffel gemahlener Kardamom
- 1 Teelöffel gemahlene Muskatnuss
- 1 Teelöffel gemahlene Nelken
- 1 Teelöffel Darjeeling schwarzer Tee
- 1 Teelöffel Vanilleextrakt
- Stevia nach Geschmack

ZUBEREITUNG:
1. Butter und Kokosöl in einem Topf schmelzen und den schwarzen Tee dazugeben. Warten Sie, bis er die Mischung gefärbt hat.
2. Frischkäse dazugeben und vom Herd nehmen. Gut umrühren.
3. Alle Gewürze dazugeben und zu einem Teig verrühren.
4. In Silikonformen gießen und einfrieren, bis sie aushärten.
5. Mit einem richtigen Tee oder abends anstelle von Tee genießen.
6. Im Kühlschrank aufbewahren.

NÄHRWERTINFORMATIONEN (Pro portion)
Kalorien: 178   Fett: 19g   Eiweiß: 1g   Gesamt-Kohlenhydrate: 1g   Ballaststoffe: 0g   Netto-Kohlenhydrate: 1g

AHORN & PEKANNUSSSTÄBE

Portionen : 12
Vorbereitungszeit : 10 minuten
Kochzeit : 25 minuten
Gefrierzeit : Keine

ZUSATZTIPP
Da sie gebacken werden, können sie in einem luftdichten Glas bei Raumtemperatur bis

ZUTATEN:

- 120g gehackte Pekannüsse
- 95g Mandelmehl
- 85g zuckerfreie Schokochips
- 85g Leinsamen
- 105g Kokosöl (leicht erhitzen, damit es flüssig wird)
- 155g zuckerfreier Ahornsirup
- 20-25 Tropfen Stevia

ZUBEREITUNG:

1. Die Pekannüsse in einer Auflaufform verteilen und bei 175°C rösten (normalerweise 6 bis 8 Minuten).
2. In der Zwischenzeit alle trockenen Zutaten zusammensieben.
3. Die gerösteten Pekannüsse in die Mischung geben und gut vermischen.
4. Ahornsirup und Kokosöl zugeben und zu einer dicken, klebrigen Mischung verrühren.
5. In eine mit Backpapier ausgekleidete Auflaufform geben.
6. Ca. 18 Minuten oder bis die Oberseite gebräunt ist bei 175°C backen.
7. Schneiden und genießen!

NÄHRWERTINFORMATIONEN (Pro portion)

Kalorien: 302 Fett: 30g Eiweiß: 5g Gesamt-Kohlenhydrate: 6g Ballaststoffe: 4g Netto-Kohlenhydrate: 2g

Herbst-Rezepte

KÜRBIS
FETTBOMBEN

Portionen: 12   Vorbereitungszeit: 35 Minuten   Kochzeit: 5 Minuten   Gefrierzeit: 3 Stunden

ZUTATEN:

- 265g Kürbispüree
- 75g Mandelbutter
- 50ml Mandelöl
- 85g zuckerfreie Zartbitterschokolade
- 2 Esslöffel Kokosöl
- 1 ½ Teelöffel Kürbis-Gewürzmischung
- Stevia nach Geschmack

ZUBEREITUNG:

1. Zartbitterschokolade und Mandelöl in einem Doppeltopf schmelzen.
2. Mit dieser Mischung den Boden von 12 Muffinformen bestreichen und einfrieren, bis die Kruste ausgehärtet ist.
3. In der Zwischenzeit den Rest der Zutaten in einem Topf vermengen und bei schwacher Hitze servieren.
4. Erhitzen, bis sie weich sind, und gut vermischen.
5. Diese über die erste Schokoladenmischung gießen und mindestens 1 Stunde kalt stellen.

ZUSATZTIPP

Verwenden Sie Kürbispüree ohne Zusatzstoffe.

NÄHRWERTINFORMATIONEN (Pro portion)

Kalorien: 124   Fett: 13g   Eiweiß: 3g   Gesamt-Kohlenhydrate: 3g   Ballaststoffe: 1g   Netto-Kohlenhydrate: 2g

SCHOKO-ERDNUSSBUTTER EXPLOSIONEN

Portionen   : 12
Vorbereitungszeit   : 12 minuten
Kochzeit   : 20 minuten
Gefrierzeit   : Keine

ZUTATEN:

- 190g Mandelmehl
- 80g Erdnussbutter (Crunchy)
- 50g Kokosöl (sanft erhitzen, damit es flüssig ist)
- 110g dunkle Schokolade (zuckerfrei)
- 3 Esslöffel zuckerfreier Ahornsirup
- 1 Esslöffel Vanilleextrakt
- 1 ¼ Teelöffel Backpulver
- Eine Prise Salz

ZUBEREITUNG:

1. Alle feuchten Zutaten in einer großen Schüssel zusammenschlagen. Die Mischung wird hellbraun.
2. In einer anderen Schüssel alle trockenen Zutaten mit Ausnahme der Schokolade mischen.
3. Nun die trockenen Zutaten in die feuchten Zutaten sieben und weiter mischen. Der Teig soll glatt und nicht klumpig sein.
4. Es bildet sich eine krümelige Mischung. Diese krümelige Mischung zu einer Kugel formen und in Frischhaltefolie einwickeln. Etwa eine Stunde lang kühl stellen.
5. Während sich die Kugeln im Kühlschrank befinden, die Schokolade in kleine Stücke schneiden.
6. Den Teig aus dem Kühlschrank nehmen und kleine Kugeln formen. Legen Sie ein Stück Schokolade in die Mitte jeder Kugel.
7. Auf einem Backblech auslegen.
8. Ca. 18 Minuten bei 175°C backen.
9. Mit etwas gemahlenem Zimt bestreuen, abkühlen lassen und genießen!

NÄHRWERTINFORMATIONEN (Pro portion)

Kalorien: 148 Fett: 13g Eiweiß: 4g Gesamt-Kohlenhydrate: 4g Ballaststoffe: 2g Netto-Kohlenhydrate: 2g

KAKAOÜBERZOGENE SPECKBOMBEN

Portionen : 12
Vorbereitungszeit : 10 minuten
Kochzeit : 50 minuten
Gefrierzeit : Keine

ZUSATZTIPP

Sie können den Speck auch braten, anstatt ihn zu backen.

ZUTATEN:

- 12 Scheiben Speck
- 1 Esslöffel zuckerfreier Ahornsirup
- Steviapulver nach Geschmack

FÜR DEN ÜBERZUG:

- 25g gehackte Pekannüsse
- 4 Teelöffel dunkles Kakaopulver
- 15-20 Tropfen Stevia

ZUBEREITUNG:

1. Die Speckscheiben auf ein Backblech legen und mit Ahornsirup und Stevia einreiben. Die Scheiben umdrehen und mit der anderen Seite ebenfalls einreiben.
2. 10-15 Minuten bei 135°C (knusprig) backen.
3. Wenn Sie fertig sind, lassen Sie das Speck-Fett ab.
4. Speck, Kakaopulver und Stevia zu einem Teig verrühren.
5. Die Speckscheiben in den Teig tauchen, in gehackten Pekannüsse rollen und an der Luft trocknen lassen, bis die Schokolade aushärtet.

NÄHRWERTINFORMATIONEN (Pro portion)

Kalorien: 157 Fett: 11g Eiweiß: 10g Gesamt-Kohlenhydrate: 1g Ballaststoffe: 0g Netto-Kohlenhydrate: 1g

NUSSIGES NOUGAT

Portionen : 12
Vorbereitungszeit : 5 minuten
Kochzeit : 5 minuten
Gefrierzeit : 1 Stunde

ZUSATZTIPP

Sie mögen die verwendeten Nüsse nicht? Benutzen Sie

ZUTATEN:

- 110g Kakaobutter.
- 55g gehackte Macadamia-Nüsse
- 55g gehackte Walnüsse
- 55g gehackte Pekannüsse
- 200g Crème Double
- 2 Esslöffel Kakaopulver
- Stevia nach Geschmack

ZUBEREITUNG:

1. Die Kakaobutter in einem Doppeltopf schmelzen. Nach und nach Kakaopulver und Stevia unterrühren.
2. Gut mischen. Vom Herd nehmen.
3. Schlagsahne unterrühren und alle Nüsse unterheben.
4. In Formen gießen und bis zum Aushärten kühlen.

NÄHRWERTINFORMATIONEN (Pro portion)

Kalorien: 367 Fett: 28g Eiweiß: 3g Gesamt-Kohlenhydrate: 3g Ballaststoffe: 0g Netto-Kohlenhydrate: 3g

Herbst-Rezepte

FRITTIERTER FRISCHKÄSE

Portionen : 12
Vorbereitungszeit : 2 minuten
Kochzeit : 5-7 minuten
Gefrierzeit : Keine

ZUSATZTIPP
Sie können auch verschiedene Gewürze

ZUTATEN:

- 900g fester Frischkäse
- 2 Esslöffel Kokosöl
- 1 Esslöffel Olivenöl
- 1 Esslöffel gehacktes Basilikum

ZUBEREITUNG:

1. Kokos- und Olivenöl in einer Pfanne erhitzen.
2. Den Käse in kleine Würfel schneiden.
3. In Öl anbraten. Achten Sie darauf, dass Sie alle Seiten braun braten.
4. Mit frischem Basilikum bestreuen und genießen!

NÄHRWERTINFORMATIONEN (Pro portion)

Kalorien: 243 Fett: 19g Eiweiß: 16g Gesamt-Kohlenhydrate: 0g Ballaststoffe: 0g Netto-Kohlenhydrate: 0g

APFEL KRINGEL

Portionen: 12   Vorbereitungszeit: 5 Minuten   Kochzeit: 5 Minuten   Gefrierzeit: 3 Stunden

ZUTATEN:

- 2 mittelgroße Äpfel
- 140g Crème Double
- 115g Bio-Butter
- 2 Esslöffel Kokosöl
- 1 Teelöffel gemahlener Zimt
- Stevia nach Geschmack
- Eine Prise Salz

ZUBEREITUNG:

1. Die Äpfel in dünne Scheiben schneiden.
2. Das Kokosöl in einer Pfanne schmelzen und die Äpfel und den Zimt dazugeben. Zum Überziehen der Äpfel gut vermischen.
3. Kochen, bis sie weich werden. Mit dem Löffel sanft zerdrücken.
4. Vom Herd nehmen und den Rest der Zutaten unterheben.
5. In Süßwarenformen (vorzugsweise apfelförmig) gießen und ca. 3 Stunden einfrieren.
6. Im Kühlschrank aufbewahren.

ZUSATZTIPP

Äpfel haben einen relativ hohen Kohlenhydratgehalt, daher sollten Sie diese als gelegentlichen Leckerbissen verwenden.

NÄHRWERTINFORMATIONEN (Pro portion)

Kalorien: 168   Fett: 12g   Eiweiß: 0g   Gesamt-Kohlenhydrate: 10g   Ballaststoffe: 2g   Netto-Kohlenhydrate: 8g

Herbst-Rezepte

FRISCHKÄSE WOLKEN

Portionen : 5 minuten
Vorbereitungszeit : Keine
Kochzeit : 12
Gefrierzeit : 1 Stunde

ZUSATZTIPP

Sie können auch verschiedene aromatisierte Extrakte (z.B. Orange, Pfefferminze usw.) verwenden, um eine Vielzahl von Geschmacksrichtungen herzustellen.

ZUTATEN:

- 115g Bio-Butter
- 225g Frischkäse
- ½ Teelöffel Vanilleextrakt
- Stevia nach Geschmack

ZUBEREITUNG:

1. Mit einem Elektroschläger alles zusammenschlagen, bis es schaumig ist.
2. Löffelweise auf ein Blech fallen lassen und einfrieren.

NÄHRWERTINFORMATIONEN (Pro portion)

Kalorien: 134 Fett: 14g Eiweiß: 1g Gesamt-Kohlenhydrate: 1g Ballaststoffe: 1g Netto-Kohlenhydrate: 0g

Einfaches Keto Dessert-Bundle

WÜRZIGE KÜRBIS-FETTBOMBEN

Portionen : 12
Vorbereitungszeit : 10 minuten
Kochzeit : 6 minuten
Gefrierzeit : Über Nacht

ZUSATZTIPP

Eine wirklich lustige Sache, die Sie tun können, ist, dass Sie einige dieser Bomben (oder die vorgefrorene Mischung) in eine Küchenmaschine geben und mit etwas Kokos- oder normaler Milch mischen, um einen Kürbis-Smoothie zu erhalten. Fügen Sie für einen schnellen Latte etwas Instantkaffee hinzu.

ZUTATEN:

- 200g gewürfelter Kürbis
- 3 Esslöffel Kokosbutter
- 1 ½ Esslöffel Kokosöl
- ¼ Teelöffel gemahlener Ingwer
- ¼ Teelöffel gemahlene Muskatnuss
- ¼ Teelöffel gemahlener Zimt
- ⅛ Teelöffel gemahlene Nelken
- Stevia nach Geschmack

ZUBEREITUNG:

1. Das Kokosöl schmelzen und in die Kokosbutter geben. Stevia zugeben und glatt rühren.
2. Den gewürfelten Kürbis und die Gewürze in eine Küchenmaschine geben und mischen, um sie in sehr kleine Stücke zu zerkleinern.
3. Mischen Sie die beiden miteinander und rühren Sie sie gut um.
4. Zu kleinen Kugeln formen und auf einem Stück Backpapier auslegen.
5. In den Kühlschrank stellen und aushärten lassen.

NÄHRWERTINFORMATIONEN (Pro portion)

Kalorien: 99 Fett: 10g Eiweiß: 2g Gesamt-Kohlenhydrate: 1g Ballaststoffe: 0g Netto-Kohlenhydrate: 1g

WINTER

SCHOKOLADENKEKSE MIT MEGA-SCHOKOLADEN *Stückchen*

ZUTATEN:

- 190g fein gemahlenes Mandelmehl
- 2 Eier
- 115g Butter, geschmolzen (verwenden Sie Kokosöl für eine Paläo-Version)
- 85g ungesüßte dunkle Schokoladenchips
- 3 Esslöffel Mönchsfrucht-Süßstoff
- 1 Teelöffel gluten- und aluminiumfreies Backpulver
- 1 Teelöffel reiner Vanilleextrakt
- ½ Teelöffel Meersalz

ZUBEREITUNG:

1. Den Ofen auf 175°C vorheizen und ein Backblech mit Backpapier auslegen.
2. Die Eier, die geschmolzene Butter und die Vanille in eine große Schüssel geben und verrühren.
3. Den Rest der Zutaten hinzugeben und gut vermischen.
4. Löffelweise auf das mit Backpapier ausgekleidete Backblech fallen lassen und 14-16 Minuten oder bis die Kanten braun werden backen.

Vorbereitungsanleitung:

Sie können anstelle der Mönchsfrucht auch 1 Teelöffel Stevia verwenden, wenn Sie möchten.

Serviervorschlag:

Mit einer Tasse ungesüßter Mandelmilch servieren.

Nährwertinformationen:

Kohlenhydrate: 3g

Ballaststoffe: 1g

Netto-Kohlenhydrate: 2g

Fett: 12g

Eiweiß: 3g

Kalorien: 130

WEICHE MINI BROWNIE-*Kekse*

Schwierigkeits-grad: 1 | 10 minuten (plus Abkühlzeit) | 0 minuten | x20 (Jeweils 1 Kekse) €€

GF

ZUTATEN:

- 40g Kokosmehl, gesiebt
- 20g rohes, ungesüßtes Kakaopulver
- 60g Rohkakao-Nibs
- 230g Butter, geschmolzen (verwenden Sie Ghee für eine Paläo-Version)
- 2 Eier
- 50g Swerve
- 1 Teelöffel reiner Vanilleextrakt
- ½ Teelöffel Meersalz

Vorbereitungsanleitung:

Sie können anstelle des Swerve 1 Teelöffel Steviapulver verwenden, wenn Sie möchten.

Serviervorschlag:

Mit einem Glas ungesüßter Mandel- oder Kokosmilch servieren.

ZUBEREITUNG:

1. Den Ofen auf 175°C vorheizen und ein Backblech mit Backpapier auslegen.
2. Die geschmolzene Butter, Eier und Vanille in eine große Rührschüssel geben und verquirlen.
3. Die trockenen Zutaten hinzugeben und mischen, bis keine Klumpen mehr übrig sind.
4. Den Teig löffelweise portionieren und 10-14 Minuten backen, bis die Ränder knusprig werden und die Mitte des Kekses fest wird.

Nährwertinformationen:

Kohlenhydrate: 4g

Ballaststoffe: 3g

Netto-Kohlenhydrate: 1g

Fett: 15g

Eiweiß: 1g

Kalorien: 153

LOW CARB Lebkuchen

Schwierigkeitsgrad: 2 | 15 minuten (plus Abkühlzeit) | 10-12 minuten | x18 (Jeweils 1 Kekse) €€

ZUTATEN:

- 190g fein gemahlenes Mandelmehl
- 2 Eier
- 225g Butter, geschmolzen (verwenden Sie Kokosnuss oder Ghee für eine Paläo-Version)
- 65g Mönchsfrucht-Süßstoff
- 1 Teelöffel Backpulver
- 1 Teelöffel Zimt gemahlen
- ½ Teelöffel gemahlener Ingwer
- ¼ Teelöffel gemahlene Muskatnuss
- ⅛ Teelöffel gemahlene Nelken
- 1 Teelöffel reiner Vanilleextrakt
- ⅛ Teelöffel Meersalz
- 1½ Teelöffel Schwarzband Melasse

Vorbereitungsanleitung:

Um die Butter ohne einen Handmixer cremig zu schlagen, können Sie sie in eine Küchenmaschine oder einen Hochgeschwindigkeitsmixer geben.

Serviervorschlag:

Mit einem Glas ungesüßter Mandel oder Kokosmilch servieren.

ZUBEREITUNG:

1. Den Ofen auf 175°C vorheizen und ein Backblech mit Backpapier auslegen.
2. Mandelmehl, Gewürze, Backpulver und Meersalz in eine große Rührschüssel geben und gut verrühren.
3. Die Butter cremig schlagen, indem Sie sie in eine große Rührschüssel geben und mit einem Handmixer rühren. Mönchsfrucht-Süßstoff, Melasse und Vanille zugeben und erneut schlagen.
4. Die Eier nacheinander unterrühren, bis sie zusammengefügt sind.
5. Die Mandelmehlmischung langsam einfüllen und mit dem Handmixer untermischen, bis alles gut vermischt ist.
6. Löffelweise auf das ausgekleidete Backblech fallen lassen und drücken leicht nach unten drücken, damit sie flach werden. Für zusätzlichen Weihnachtsstil verwenden Sie Ihren Lieblingsausstecher!
7. 10-12 Minuten oder bis die Kanten braun werden backen.
8. Vor dem Genießen abkühlen lassen.

Nährwertinformationen:

Kohlenhydrate: 5g   **Fett:** 12g
Ballaststoffe: 0g   **Eiweiß:** 1g
Netto-Kohlenhydrate: 5g   **Kalorien:** 118

Winter-Rezepte

SCHNEEFLOCKEN-*Zuckerkekse* MIT WEIHNACHTLICHEN GEWÜRZEN

ZUTATEN:

- 190g Mandelmehl
- 2 Esslöffel Kokosmehl (gesiebt)
- ½ Teelöffel Backpulver
- ¼ Teelöffel gemahlene Muskatnuss
- ⅛ Teelöffel gemahlene Nelken
- 110g Butter (verwenden Sie Kokosöl oder Ghee für eine Paläo-Version)
- 50g Erythritol
- 1 Teelöffel reiner Vanilleextrakt
- ⅛ Teelöffel Salz

Vorbereitungsanleitung:

Um die Butter cremig zu schlagen, können Sie auch einen Handmixer verwenden.

Serviervorschlag:

Mit einem Glas ungesüßter Mandel- oder Kokosmilch servieren.

Nährwertinformationen:

Kohlenhydrate: 5g   **Fett:** 7g
Ballaststoffe: 1g   **Eiweiß:** 1g
Netto-Kohlenhydrate: 4g   **Kalorien:** 69

Schwierigkeitsgrad: 2 | 15 minuten (plus Abkühlzeit) | 7-10 minuten | x16 (Jeweils 1 Kekse) €€

GF

ZUBEREITUNG:

1. Den Ofen auf 175°C vorheizen und ein Backblech mit Backpapier auslegen.
2. Die Butter cremig schlagen, indem Sie sie in eine Küchenmaschine geben. Mit der Vanille mischen, bis sie fluffig ist.
3. Die restlichen trockenen Zutaten in eine große Rührschüssel geben und vermischen.
4. Geben Sie die trockene Mischung langsam in den Mixer oder die Küchenmaschine und mischen Sie alles zusammen.
5. Den Teig für ca. 15 Minuten in den Kühlschrank stellen.
6. Nach dem Abkühlen den Teig auf das mit Backpapier ausgekleidete Backblech legen und ca. 2,5cm dick auf einer gefetteten Oberfläche ausrollen. Alternativ können Sie auch ein weiteres großes Backblech mit Backpapier auslegen und den Teig auf dem Blech ausrollen.
7. Mit einer Schneeflocken-Ausstecherform ausstechen und auf das Backblech legen.
8. 7-10 Minuten oder bis die Kanten braun werden backen.
9. Vor dem Genießen vollständig abkühlen lassen!

Herzhafte Bissen & Schokolade

DIE ULTIMATIVEN LOW CARB APFELKUCHEN-
Bissen

ZUTATEN:

- 150g rohe Cashewnüsse
- 115g ungesüßte Kokosbutter
- 1 roter Apfel, schalenfrei, fein gehackt
- ½ Teelöffel gemahlener Zimt
- ¼ Teelöffel gemahlene Muskatnuss
- 1 Teelöffel reiner Vanilleextrakt
- ¼ Teelöffel Meersalz

Vorbereitungsanleitung:

Sie können auf Wunsch auch einen Granny Smith Apfel verwenden.

Serviervorschlag:

Mit einer Tasse heißem Tee oder Kaffee servieren.

ZUBEREITUNG:

1. Cashewnüsse und Kokosbutter in eine Küchenmaschine geben und verarbeiten, bis sie sich vermischen.
2. Die restlichen Zutaten hinzugeben und gut vermischen.
3. Die Mischung für 10 Minuten in den Kühlschrank stellen.
4. Während die Mischung abkühlt, ein Backblech mit Backpapier auslegen.
5. Den gekühlten Teig in 16 Kreise rollen und auf das ausgekleidete Backblech legen.
6. Vor dem Servieren mindestens 1 Stunde lang kühl stellen.
7. Bewahren Sie die Reste im Kühlschrank auf.

Nährwertinformationen:

Kohlenhydrate: 8g

Ballaststoffe: 3g

Netto-Kohlenhydrate: 5g

Fett: 13g

Eiweiß: 2g

Kalorien: 150

VALENTINSTAG-SCHOKOLADE-HIMBEERE
Fettbomben

ZUTATEN:

- 225g Frischkäse
- 2 Esslöffel Ghee
- 45g ungesüßte dunkle Schokoladenchips
- 40g gefrorene Himbeeren
- 1 Teelöffel reiner Vanilleextrakt
- 10 Tropfen flüssiges Vanille-Stevia

Schwierigkeitsgrad: 1 | 10 minuten (plus Abkühlzeit) | 0 minuten | x12 (Je 1 fettbombe) €€

ZUBEREITUNG:

1. Den Frischkäse, Ghee und die Himbeeren in eine Küchenmaschine oder einen Mixer geben und mischen, bis die Mischung "fluffig" ist.
2. Vanilleextrakt und Stevia hinzugeben und erneut verrühren.
3. Die dunklen Schokoladenchips unterheben und die Mischung dann in Silikon-Backformen gießen, bis zum Anschlag füllen.
4. Vor dem Servieren ca. 1 Stunde einfrieren und Reste im Gefrierschrank aufbewahren.

Vorbereitungsanleitung:

Sie können Butter anstelle von Ghee verwenden, wenn Sie möchten.

Serviervorschlag:

Servieren Sie es mit einem Becher heißem Kaffee für ein leckeres Valentinstag-Dessert.

Nährwertinformationen:

Kohlenhydrate: 2g
Ballaststoffe: 1g
Netto-Kohlenhydrate: 1g
Fett: 12g
Eiweiß: 2g
Kalorien: 122

ZARTBITTERSCHOKOLADE
Pfefferminzrinde

ZUTATEN:

- 105g Kokosöl
- 50ml ungesüßte Vollfett-Kokosmilch
- 20g rohes, ungesüßtes Kakaopulver
- ½ Teelöffel reiner Pfefferminzextrakt
- 2 Teelöffel reiner Vanille-Extrakt
- 10 Tropfen flüssig Vanille Stevia
- ¼ Teelöffel Meersalz

ZUBEREITUNG:

1. Eine Backform mit Backpapier auslegen.
2. Das Kokosöl bei schwacher bis mittlerer Hitze in einen Topf geben und bis zum Schmelzen erwärmen.
3. Kokosmilch, Kakaopulver, Pfefferminze und Vanilleextrakt unterrühren.
4. Stevia und Meersalz zugeben.
5. Die Masse in die ausgekleidete Backform gießen und für 15-20 Minuten oder bis zum Aushärten einfrieren.
6. Nach dem Aushärten in 12 Stücke schneiden und die Reste für die spätere Verwendung im Kühl- oder Gefrierschrank aufbewahren.

Vorbereitungsanleitung:

Sie können auch 30g Rohkakao-Nibs zur Schokoladenmischung hinzufügen, um sie extra knusprig zu machen.

Serviervorschlag:

Mit einem Glas ungesüßter Mandelmilch servieren.

Nährwertinformationen:

Kohlenhydrate: 1g

Ballaststoffe: 1g

Netto-Kohlenhydrate: 0g

Fett: 11g

Eiweiß: 1g

Kalorien: 94

Winter-Rezepte

Brownies, Pies & Brote

BLONDIES

| Schwierigkeits-grad: 2 | 15 minuten | 20-25 minuten | x8 (1 blondie pro portion) €€ |

GF DF V P

ZUTATEN:

- 190g fein gemahlenes Mandelmehl
- 2 Eier
- 105g Kokosöl, geschmolzen
- 1 Teelöffel Stevia-Pulver
- 1 Teelöffel reiner Vanilleextrakt
- 85g ungesüßte dunkle Schokoladenchips
- 1 Teelöffel gluten- und aluminiumfreies Backpulver

Vorbereitungsanleitung:

Wenn Sie keine ungesüßten Schokoladenchips finden, können Sie auch Rohkakao-Nibs verwenden.

Serviervorschlag:

Auf Wunsch mit einer Portion ungesüßter Schlagsahne servieren.

ZUBEREITUNG:

1. Den Ofen auf 175°C vorheizen und eine 23x33cm-Backform mit Backpapier auslegen.
2. Eier in eine Rührschüssel geben und verquirlen.
3. Kokosöl, Vanilleextrakt und Stevia unterrühren. Gut mischen.
4. Mandelmehl, Backpulver und dunkle Schokoladenchips unterheben.
5. Die Masse in die ausgekleidete Backform gießen und 20-25 Minuten oder bis die Kanten braun werden backen.
6. Abkühlen lassen und dann in 8 Stücke schneiden.

Nährwertinformationen:

Kohlenhydrate: 6g

Ballaststoffe: 3g

Netto-Kohlenhydrate: 3g

Fett: 26g

Eiweiß: 5g

Kalorien: 275

EIERLIKÖR-*Brownies*

Schwierigkeitsgrad: 2
15 minuten
20-25 minuten
x8 (1 brownie pro portion)
€€

ZUTATEN:

- 190g fein gemahlenes Mandelmehl
- 2 Eier
- 105g Kokosöl, geschmolzen
- 20g rohes, ungesüßtes Kakaopulver
- 45g ungesüßte dunkle Schokoladenchips
- 1 Teelöffel Stevia-Pulver
- 1 Teelöffel reiner Vanilleextrakt
- 1 Teelöffel gemahlener Zimt
- ½ Teelöffel gemahlene Muskatnuss
- 1 Teelöffel gluten- und aluminiumfreies Backpulver
- ⅛ Teelöffel Meersalz
- 2 Esslöffel Wasser

ZUBEREITUNG:

1. Den Ofen auf 175°C vorheizen und eine 23x33cm-Backform mit Backpapier auslegen.
2. Eier in eine Rührschüssel geben und verquirlen.
3. Kokosöl, Vanilleextrakt und Stevia unterrühren. Gut mischen.
4. Mandelmehl, Backpulver, Kakaopulver, Zimt, Muskatnuss, Meersalz und Wasser hinzufügen. Gut mischen.
5. Die Schokoladenchips unterheben, die Masse in die ausgekleidete Backform gießen und 20-25 Minuten oder bis ein in die Mitte eingesetzter Zahnstocher sauber herauskommt backen.
6. Abkühlen lassen und dann in 8 Stücke schneiden.

Nährwertinformationen:

Kohlenhydrate: 6g
Ballaststoffe: 3g
Netto-Kohlenhydrate: 3g
Fett: 23g
Eiweiß: 4g
Kalorien: 233

Vorbereitungsanleitung:

Wenn Sie nicht auf Milchprodukte verzichten, können Sie auf Wunsch Butter anstelle von Kokosöl verwenden.

Serviervorschlag:

Auf Wunsch mit einer Portion ungesüßter Schlagsahne servieren.

Winter-Rezepte

WEIHNACHTLICHE, HERZHAFTE PECAN PIE *Bissen*

ZUTATEN:

- 105g rohe Pekannüsse
- 50g ungezuckerte Kokosraspel
- 2 Esslöffel Kokosnussbutter
- 1 Teelöffel reiner Vanilleextrakt
- 10 Tropfen flüssiges Vanille-Stevia
- 1 Teelöffel gemahlener Zimt
- ¼ Teelöffel Piment
- 30g Rohkakao-Nibs

ZUBEREITUNG:

1. Die Pekannüsse und die Kokosraspel in einen Hochgeschwindigkeitsmixer oder eine Küchenmaschine geben und gut vermischen.
2. Kokosbutter, Vanille, Stevia, Zimt und Piment zugeben und erneut mischen.
3. Die Masse in eine Rührschüssel gießen und die Kakao-Nibs unterheben.
4. Zum Kühlen 15 Minuten lang kühl stellen.
5. Nach dem Abkühlen in mundgerechte Stücke rollen.
6. Bewahren Sie die Reste im Kühlschrank auf.

Vorbereitungsanleitung:
Sie können alternativ rohe Walnüsse oder Cashewnüsse anstelle der Pekannüsse verwenden.

Serviervorschlag:
Servieren Sie es mit Low Carb Eierlikör für einen Feiertagsgenuss.

Schwierigkeitsgrad: 2 | 10 minuten (plus Abkühlzeit) | 0 minuten | x12 (1 Bissen pro portion) €€

GF DF P

Nährwertinformationen:

Kohlenhydrate: 8g

Ballaststoffe: 6g

Netto-Kohlenhydrate: 2g

Fett: 30g

Eiweiß: 3g

Kalorien: 298

KAFFEEKUCHEN MIT KOHLENHYDRATFREIER
Vanilleglasur

Schwierigkeitsgrad: 2 | 20 minuten | 20-30 minuten | x8 (1 scheibe pro portion) €€

Vorbereitungsanleitung:
Um dieses Rezept Paläo-freundlich zu machen, probieren Sie es mit Frischkäse auf Mandelbasis und ungesüßter Vollfett-Kokoscreme.

Serviervorschlag:
Mit einem Becher Heißer Schokolade (Low Carb) oder einer heißen Tasse Kaffee servieren.

ZUTATEN:
- 240g Mandelmehl
- 115ml gebrühter Kaffee, gekühlt
- 3 Eier
- 90g Ghee, geschmolzen
- 1 Teelöffel Stevia-Pulver
- 1 Teelöffel Zimt gemahlen
- 1 Teelöffel reiner Vanilleextrakt

No-Carb Vanilla Icing:
- 225g Frischkäse
- 50g Crème Double
- 1 Teelöffel flüssiges Vanillecreme-Stevia
- 1 Teelöffel reiner Vanilleextrakt

ZUBEREITUNG:
1. Eine Laibpfanne mit Backpapier auslegen und den Ofen auf 160°C vorheizen.
2. Die Eier in eine Rührschüssel geben und verquirlen.
3. Ghee, Vanilleextrakt und Kaffee dazugeben und nochmals verrühren.
4. Die trockenen Zutaten hinzugeben und verrühren, bis keine Klumpen mehr übrig sind.
5. 20-30 Minuten backen oder bis ein in die Mitte eingesteckter Zahnstocher sauber herauskommt.
6. Während der Laib gebacken wird, bereiten Sie die Glasur vor, indem Sie die Zutaten in eine Küchenmaschine geben und cremig schlagen.
7. Sobald der Laib abgekühlt ist, mit der Glasur bedecken, in 8 gleichmäßige Stücke schneiden und genießen!

Nährwertinformationen:
Kohlenhydrate: 6g **Fett:** 19g
Ballaststoffe: 1g **Eiweiß:** 6g
Netto-Kohlenhydrate: 5g **Kalorien:** 218

WEIHNACHTLICHE SCHOKO-CUPCAKES MIT *Buttercreme*

ZUTATEN:

- 150g Kokosmehl
- 45g ungesüßtes Kakaopulver
- 1 Teelöffel Stevia-Pulver
- 3 Eier
- 100g Vollmilch
- 100g Schlagsahne
- 110g Butter, geschmolzen
- 2 Teelöffel reiner Vanilleextrakt
- 2 Teelöffel Backpulver
- 1 Teelöffel gemahlener Zimt
- ½ Teelöffel gemahlene Muskatnuss

Buttercremeüberzug:

- 115g Butter
- 115g Frischkäse
- 2 Teelöffel Reiner Vanilleextrakt
- 2 Tropfen flüssiges Vanille-Stevia (optional)

Schwierigkeitsgrad: 1 | 15 minuten | 18-20 minuten | x16 (1 tassecake pro portion) €€

GF

Zubereitungstipp:

Kokosmehl ist sehr saugfähig, weshalb der Teig dicker als herkömmlicher Kuchenteig ist.

Anstatt die Mischung in die Muffinform zu geben, mit einem Löffel schöpfen und vorsichtig nach unten drücken, um sie zu glätten.

ZUBEREITUNG:

1. Beginnen Sie, indem Sie den Ofen auf 175°C vorheizen und eine Muffinform mit Papierförmchen auslegen.
2. Die gesamten trockenen Zutaten in eine Schüssel geben und gut vermischen.
3. In einer separaten Schüssel die Eier verquirlen. Vollmilch, Schlagsahne, geschmolzene Butter und reinen Vanilleextrakt untermischen.
4. Die feuchte Mischung in die Trockenmasse gießen und verrühren, bis sie gut kombiniert ist und keine Klumpen mehr übrig sind.
5. Den Cupcake-Teig in die ausgekleideten Muffin-Förmchen schöpfen und ¾ füllen.
6. Bei 175°C für 18-20 Minuten backen.
7. Vor dem Überziehen mit dem Buttercremeüberzug vollständig abkühlen lassen.

Butterecremeüberzug:

1. Alle Zutaten für den Überzug in eine große Schüssel geben und mit einem Handrührgerät cremig schlagen. Alternativ können Sie auch eine Küchenmaschine verwenden.
2. Die Mischung in einen Spritzbeutel geben und jeden Cupcake nach vollständiger Abkühlung überziehen.

Nährwertinformationen:
Kohlenhydrate: 12g **Fett:** 18g
Ballaststoffe: 7g **Eiweiß:** 4g
Netto-Kohlenhydrate: 5g **Kalorien:** 226

SCHOKO-PFEFFERMINZ
Weihnachtsbrot

Schwierigkeits-grad: 2 | 20 minuten | 20-30 minuten | x8 (1 scheibe pro portion) €€

GF

ZUTATEN:

- 240g Mandelmehl
- 20g rohes, ungesüßtes Kakaopulver
- 100ml ungesüßte Mandelmilch
- 3 Eier
- 110g Butter, geschmolzen (verwenden Sie Ghee für eine Paläo-Version)
- 1 Teelöffel Stevia-Pulver
- 1 Teelöffel reiner Pfefferminzextrakt
- 45g ungesüßte dunkle Schokoladenchips

Vorbereitungsanleitung:

Geben Sie dem Rezept etwas zusätzliche Weihnachtsstimmung, indem Sie auf Wunsch 1 Teelöffel gemahlene Muskatnuss hinzufügen.

Serviervorschlag:

Mit einer Tasse Tee oder heißem Kaffee servieren.

ZUBEREITUNG:

1. Eine Laibpfanne mit Backpapier auslegen und den Ofen auf 160°C vorheizen.
2. Die Eier in die Rührschüssel geben und verquirlen.
3. Butter, Pfefferminz und Mandelmilch zugeben und erneut verrühren.
4. Alle trockenen Zutaten zugeben und verrühren, bis keine Klumpen mehr übrig sind.
5. 20-30 Minuten backen oder bis ein in die Mitte eingesetzter Zahnstocher sauber herauskommt.
6. Den Laib 10 Minuten abkühlen lassen. Schneiden und genießen!

Nährwertinformationen:

Kohlenhydrate: 6g	**Fett:** 22g
Ballaststoffe: 3g	**Eiweiß:** 6g
Netto-Kohlenhydrate: 3g	**Kalorien:** 234

WALNUSS-PARFAIT MIT ZIMT
Streuseln

ZUTATEN:

- 230g ungesüßter griechischer Vollfett-Joghurt (verwenden Sie vollfetten ungesüßten Kokosmilchjoghurt für eine Paläo-Version).
- 30g gehackte Walnüsse
- 1 Teelöffel reiner Vanilleextrakt
- ½ Teelöffel gemahlener Zimt

Zimtstreusel:

- 3 Esslöffel Kokosöl
- 30g gehackte Walnüsse
- 1 Teelöffel Swerve-Süßstoff
- 2 Teelöffel gemahlener Zimt

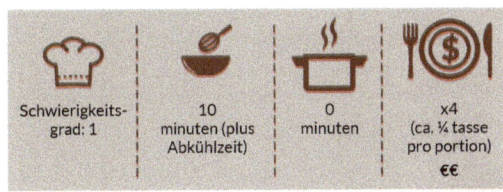

Schwierigkeitsgrad: 1 | 10 minuten (plus Abkühlzeit) | 0 minuten | x4 (ca. ¼ tasse pro portion) €€

ZUBEREITUNG:

1. Joghurt auf den Boden einer Servierschale geben und Vanille und Zimt unterrühren.
2. Mit den gehackten Walnüssen bestreuen und beiseite stellen.
3. Zimtstreusel zubereiten, indem Sie alle Zutaten in eine Rührschüssel geben und gut vermischen.
4. Die Zimtstreusel auf die Oberseite der Joghurtschale streuen und genießen!

Nährwertinformationen:
Kohlenhydrate: 8g
Ballaststoffe: 3g
Netto-Kohlenhydrate: 5g
Fett: 30g
Eiweiß: 9g
Kalorien: 313

Vorbereitungsanleitung:
Sie können dieses Parfait auf Wunsch auch mit Pekannüssen machen.

Serviervorschlag:
Sie können dieses Parfait auf Wunsch auch mit Pekannüssen machen.

Fettbomben

FRÜHSTÜCKSSPECK
BOMBEN

Portionen: 12   Vorbereitungszeit: 10 minuten   Kochzeit: 15 minuten   Gefrierzeit: 1 stunde

ZUTATEN:

- 8 Scheiben Speck
- 4 Eier
- 150g Bio-Butter
- 2 Esslöffel vollfette Low Carb Mayonnaise
- 1 Esslöffel gehackter Koriander
- ¼ Teelöffel Cayennepfeffer
- Salz und Pfeffer nach Belieben

ZUBEREITUNG:

1. Die Eier hart kochen.
2. Während die Eier kochen, den Speck knusprig braten. Das Speck-Fett aufbewahren.
3. Danach die Eier pellen und mit einer Gabel zerdrücken. Butter, Mayonnaise und Gewürze unterrühren.
4. Den Speck in kleine Stücke zerkleinern und unter die Hauptmischung mischen.
5. Mindestens eine Stunde lang kühl stellen.
6. In kleine Kugeln formen und erneut in den Kühlschrank stellen.

ZUSATZTIPP
Passen Sie die Gewürze nach Ihren Wünschen an.

NÄHRWERTINFORMATIONEN (Pro portion)

Kalorien: 185   Fett: 18g   Eiweiß: 5g   Gesamt-Kohlenhydrate: 0g   Ballaststoffe: 0g   Netto-Kohlenhydrate: 0g

CREMIGES KOKOS-FONDANT

Portionen : 12
Vorbereitungszeit : 20 minuten
Kochzeit : Keine
Gefrierzeit : 2 stunden

ZUSATZTIPP

Sie können auch Bälle formen, aber Vierecke sind viel bequemer.

ZUTATEN:

- 480ml Kokosöl
- 150g Kokoscreme
- 65g dunkles Kakaopulver
- 35g gehackte Mandeln
- 25g geschredderte Kokosnuss
- 1 Teelöffel Mandelextrakt
- Eine Prise Salz
- Stevia nach Geschmack

ZUBEREITUNG:

1. Geben Sie die Kokoscreme und das Kokosöl in eine große Schüssel und verrühren Sie mit einem Handrührgerät. Hören Sie auf, wenn die Mischung geschmeidig und glänzend wird.
2. Geben Sie langsam das Kakaopulver hinzu, während Sie weiter umrühren. Achten Sie darauf, dass sich keine Klumpen bilden.
3. Geben Sie die restlichen Zutaten dazu.
4. Gießen Sie die Mischung in eine mit Backpapier ausgekleidete Brotform und frieren Sie ein, bis sie fest ist.
5. In Quadrate schneiden und genießen!

NÄHRWERTINFORMATIONEN (Pro portion)

Kalorien: 172 Fett: 20g Eiweiß: 0g Gesamt-Kohlenhydrate: 1g Ballaststoffe: 1g Netto-Kohlenhydrate: 0g

MUSKAT NUSSNOUGAT

Portionen : 12
Vorbereitungszeit : 10 minuten
Kochzeit : 5 minuten
Gefrierzeit : 30 minuten

ZUSATZTIPP

Sie können sie auch mit Kakaopulver überziehen.

ZUTATEN:

- 225g Cashewbutter
- 200g Crème Double
- 100g Kokosraspel
- 1 Teelöffel Vanilleextrakt
- ½ Teelöffel gemahlene Muskatnuss
- Stevia nach Geschmack

ZUBEREITUNG:

1. Die Cashewbutter in einem Doppeltopf schmelzen.
2. Milchrahm, Vanilleextrakt, Muskatnuss und Stevia unterrühren.
3. Vom Herd nehmen und etwas abkühlen lassen.
4. Für mindestens eine halbe Stunde in den Kühlschrank stellen.
5. Aus dem Kühlschrank nehmen und zu kleinen Kugeln formen.
6. Mit zerkleinerter Kokosnuss bestreuen und 2 Stunden kalt stellen. Dann servieren.

NÄHRWERTINFORMATIONEN (Pro portion)

Kalorien: 341 Fett: 34g Eiweiß: 3g Gesamt-Kohlenhydrate: 13g Ballaststoffe: 8g Netto-Kohlenhydrate: 5g

KAKAO BROWNIES

Portionen : 12
Vorbereitungszeit : 15 minuten
Kochzeit : 25 minuten
Gefrierzeit : Keine

ZUSATZTIPP

Machen Sie Brownies à la mode, indem Sie sie mit einer Kugel Low

ZUTATEN:

- 1 Ei
- 65g Crème double
- 170g Mandelbutter
- 25g Kakaopulver
- 2 Esslöffel Bio-Butter
- 2 Teelöffel Vanilleextrakt
- ¼ Teelöffel Backpulver
- Prise Salz

ZUBEREITUNG:

1. Das Ei aufschlagen und glatt rühren.
2. Alle nassen Zutaten zugeben und gut vermischen.
3. Alle trockenen Zutaten mischen und in die feuchten Zutaten sieben, um einen Teig herzustellen.
4. In eine gefettete Backform geben und 25 Minuten bei 175 °C backen oder bis ein Zahnstocher sauber wieder herauskommt.
5. Abkühlen lassen, schneiden, genießen.

NÄHRWERTINFORMATIONEN (Pro portion)

Kalorien: 184 Fett: 20g Eiweiß: 1g Gesamt-Kohlenhydrate: 1g Ballaststoffe: 0g Netto-Kohlenhydrate: 1g

Winter-Rezepte

ORANGENKUGELN

Portionen : 12
Vorbereitungszeit : 10 minuten
Kochzeit : Keine
Gefrierzeit : 2 stunden

ZUSATZTIPP

Dies ist ein vielseitiges Rezept. Probieren Sie verschiedene Garnierungen/Ergänzungen. Einige Vorschläge: geröstete gehackte Nüsse, zerkleinerte.

ZUTATEN:

- 280g Kokosnussöl
- 4 Esslöffel Kakaopulver
- ¼ Teelöffel Blutorangenextrakt
- Stevia nach Geschmack

ZUBEREITUNG:

1. Die Hälfte des Kokosöls in einem Doppeltopf schmelzen und Stevia und Orangenextrakt zugeben.
2. Diese Mischung in Süßwarenformen gießen und zur Hälfte füllen.
3. Bis zum Aushärten kühl stellen.
4. In der Zwischenzeit das restliche Kokosöl schmelzen und das Kakaopulver und etwas Stevia unterrühren. Achten Sie darauf, dass keine Klumpen entstehen.
5. Gießen Sie es in die Formen, bis sei voll sind.
6. Zürück in den Kühlschrank stellen und bis zur vollständigen Aushärtung abkühlen lassen.

NÄHRWERTINFORMATIONEN (Pro portion)

Kalorien: 188 Fett: 21g Eiweiß: 1g Gesamt-Kohlenhydrate: 1g Ballaststoffe: 0g Netto-Kohlenhydrate: 1g

Einfaches Keto Dessert-Bundle

MINI
MINZFREUDEN

Portionen: 12   Vorbereitungszeit: 45 minuten   Kochzeit: Keine   Gefrierzeit: 2 stunden

ZUTATEN:

- 315g Kokosöl
- 185g Sonnenblumenkernbutter
- 175g dunkle Schokoladenchips (zuckerfrei)
- 30g getrocknete Petersilie
- 2 Teelöffel Vanilleextrakt
- 1 Teelöffel Pfefferminzextrakt
- Eine Prise Salz
- Stevia nach Geschmack

ZUBEREITUNG:

1. Die dunklen Schokoladenchips und das Kokosöl in einem Doppeltopf verschmelzen.
2. Alle Zutaten in eine Küchenmaschine geben und rühren, bis sie glatt sind.
3. In runde Formen gießen und einfrieren.

ZUSATZTIPP

Fügen Sie einige gehackte getrocknete Kirschen hinzu, um dies noch festlicher zu machen.

NÄHRWERTINFORMATIONEN (Pro portion)

Kalorien: 251   Fett: 25g   Eiweiß: 3g   Gesamt-Kohlenhydrate: 7g   Ballaststoffe: 1g   Netto-Kohlenhydrate: 6g

CHEDDAR-CUPCAKE

Portionen: 1   Vorbereitungszeit: 5 minuten   Kochzeit: 1 minuten   Gefrierzeit: Keine

ZUTATEN:

- 2 Esslöffel geriebener Cheddar-Käse
- 2 Esslöffel Bio-Butter
- 3 Esslöffel Mandelmehl
- 1 Esslöffel gehackte grüne Chilischoten
- ½ Teelöffel Backpulver
- ¼ Teelöffel Cayennepfeffer
- 1 Ei
- Eine Prise Salz

ZUBEREITUNG:

1. Das Ei glatt schlagen. In eine Kaffeetasse geben.
2. Käse und aufgeweichte Butter mischen. Den Rest der Zutaten hinzufügen. Gut mischen.
3. Zum Ei geben und gut vermischen.
4. Für 1 Minute oder bis ein in der Mitte eingesetzter Zahnstocher sauber herauskommt in die Mikrowelle stellen.
5. Direkt aus der Tasse essen.

NÄHRWERTINFORMATIONEN (Pro portion)

Kalorien: 492   Fett: 49g   Eiweiß: 18g   Gesamt-Kohlenhydrate: 6g   Ballaststoffe: 3g   Netto-Kohlenhydrate: 3g

SAMENGEFÜLLTE BOMBEN

Portionen	: 12
Vorbereitungszeit	: 35 minuten
Kochzeit	: Keine
Gefrierzeit	: 1 stunde

ZUSATZTIPP

Sie können jede beliebige Kombination von Samen hinzufügen, die Ihnen gefällt. Ich mache gerne eine schön bunte Mischung.

ZUTATEN:

- 160g Kokosbutter
- 2 ½ Esslöffel Kokosöl
- 2 Esslöffel Kakaopulver
- 1 Esslöffel Hanfsamen
- 1 Esslöffel Leinsamen
- 1 Esslöffel Chiasamen
- 1 Esslöffel Kürbiskerne
- 1 Teelöffel Vanilleextrakt
- Stevia nach Geschmack

ZUBEREITUNG:

1. Kokosbutter und Kokosöl in einem Doppeltopf schmelzen.
2. Alle Zutaten mischen und in Formen gießen.
3. Kühlen, bis sie halbfest und teigartig sind. Zur weiteren Verwendung im Kühlschrank aufbewahren.

NÄHRWERTINFORMATIONEN (Pro portion)

Kalorien: 121   Fett: 11g   Eiweiß: 2g   Gesamt-Kohlenhydrate: 4g   Ballaststoffe: 3g   Netto-Kohlenhydrate: 1g

Winter-Rezepte

NUSSIGE INGWERBOMBEN

Portionen : 12
Vorbereitungszeit : 5 minuten
Kochzeit : Keine
Gefrierzeit : 2 stunden

ZUSATZTIPP
Frischer Ingwer funktioniert am besten, aber wenn Sie keinen Zugang dazu haben, können Sie auch gemahlenen Ingwer verwenden.

ZUTATEN:

- 110g Kokosraspel
- 55g Bio-Butter
- 55g Kokosnussöl
- 1 Esslöffel geriebener Ingwer
- 1 Teelöffel gemahlener Zimt
- 1 Teelöffel Vanilleextrakt
- ½ Esslöffel zerdrückte geröstete Cashewnüsse
- Stevia nach Geschmack
- Eine Prise Salz

ZUBEREITUNG:

1. Butter und Kokosöl weiche werden lassen.
2. Alle Zutaten mischen.
3. In Formen gießen und einfrieren.

NÄHRWERTINFORMATIONEN (Pro portion)

Kalorien: 79 Fett: 9g Eiweiß: 0g Gesamt-Kohlenhydrate: 1g Ballaststoffe: 0g Netto-Kohlenhydrate: 1g

Einfaches Keto Dessert-Bundle

KOKOS-CUPS

Portionen: 12 Vorbereitungszeit: 5 minuten Kochzeit: Keine Gefrierzeit: 40 minuten

ZUTATEN:

- 225g Bio-Butter
- 480ml Kokosmilch
- 105g Kokosöl
- 50g Kokosraspel
- 25g Proteinpulver Geschmack nach Wahl)
- 2 Esslöffel Gelatine
- 1 ½ Teelöffel Vanilleextrakt
- 6 Teelöffel Xylitol
- 5 Eigelb
- Stevia nach Geschmack

ZUBEREITUNG:

1. Die Eigelb zu einem glatten und cremigen Teig verarbeiten.
2. Butter und Kokosöl in einem Topf schmelzen lassen und Kokosmilch dazugeben.
3. Gelatine hinzufügen und weiterrühren, bis sich die Gelatine auflöst und die Mischung etwas zu verdicken beginnt.
4. Vom Herd nehmen und abkühlen lassen. Eiweißpulver und Vanilleextrakt unterrühren.
5. In Schalen gießen und mit Kokosraspeln bestreuen.
6. Vor dem Servieren abkühlen lassen.

ZUSATZTIPP

Sie können verschiedene Geschmacksrichtungen herstellen, indem Sie verschieden aromatisierte Proteinpulver verwenden.

NÄHRWERTINFORMATIONEN (Pro portion)

Kalorien: 349 Fett: 37g Eiweiß: 2g Gesamt-Kohlenhydrate: 5g Ballaststoffe: 1g Netto-Kohlenhydrate: 4g

Winter-Rezepte

NUSSIGE WEISSE SCHOKOLADENTRÜFFEL

Portionen   : 12
Vorbereitungszeit   : 5 minuten
Kochzeit   : Keine
Gefrierzeit   : 1-2 stunden

ZUSATZTIPP

Das Steviapulver ist optional. Sie können sie auch mit etwas Kakao oder Kokosraspeln überstreuen.

ZUTATEN:

- 60g gehackte geröstete Pekannüsse
- 4 Esslöffel Kakaobutter
- 4 Esslöffel Kokosbutter
- 4 Esslöffel Kokosöl
- 1 Teelöffel geschabte Vanilleschote
- Pulverförmiges und flüssiges Stevia nach Geschmack
- Eine Prise Salz

ZUBEREITUNG:

1. Alle Zutaten zu einem Teig verarbeiten.
2. In eine mit Backpapier ausgekleidete Auflaufform geben.
3. Einfrieren, bis es fest ist.
4. In Quadrate schneiden und mit etwas Steviapulver bestreuen.

NÄHRWERTINFORMATIONEN (Pro portion)

Kalorien: 92   Fett: 10g   Eiweiß: 0g   Gesamt-Kohlenhydrate: 1g   Ballaststoffe: 0g   Netto-Kohlenhydrate: 1g

FLUFFIGE FETTBOMBEN

Portionen: 12   Vorbereitungszeit: 10 minuten   Kochzeit: 6 minuten   Gefrierzeit: 1 stunde

ZUTATEN:
- 400g Schlagsahne
- 145g Sour Creme
- 2 Teelöffel gemahlener Zimt
- 1 Teelöffel geschabte Vanilleschote
- ¼ Teelöffel gemahlener Kardamom
- 4 Eigelb
- Stevia nach Geschmack

ZUBEREITUNG:
1. Eigelb in einer Glasschale zu einem glatten und cremigen Teig verrühren.
2. Die Schüssel in einen Topf stellen und den Rest der Zutaten hineingeben.
3. Vom Herd nehmen und auf Raumtemperatur abkühlen lassen.
4. Etwa eine Stunde lang kaltstellen und dann verrühren.
5. In Formen gießen und einfrieren.

ZUSATZTIPP
Sie können auch etwas Kakaopulver hinzufügen.

NÄHRWERTINFORMATIONEN (Pro portion)
Kalorien: 363   Fett: 40g   Eiweiß: 2g   Gesamt-Kohlenhydrate: 1g   Ballaststoffe: 0g   Netto-Kohlenhydrate: 1g

Winter-Rezepte

KÄSE-SPECKKUGELN

Portionen : 35-40
Vorbereitungszeit : 3 minuten
Kochzeit : 5 minuten
Gefrierzeit : Keine

ZUTATEN:

- 35-40 Scheiben Speck
- 450g geriebener Mozzarella-Käse
- 8 Esslöffel Bio-Butter
- 8 Esslöffel Mandelmehl
- 6 Esslöffel Psylliumschalenpulver
- ¼ Teelöffel Zwiebelpulver
- ¼ Teelöffel Knoblauchpulver
- 1 Ei
- 450g Butter (oder Ghee oder Öl)
- Salz und Pfeffer nach Belieben

ZUSATZTIPP
Es dauert ein wenig, da das Wickeln langsam und mühselig ist. Planen Sie also genügend Zeit ein.

ZUBEREITUNG:

1. Bereiten Sie einen Doppeltopf vor.
2. Butter schmelzen und die Hälfte des Mozzarella-Käses dazugeben. Warten, bis er klebrig wird.
3. Das Ei dazugeben und mit einer Gabel schlagen, bis alles glatt ist.
4. Den Rest der Zutaten, außerdem dem Speck und restlichem Käse, zugeben und gut vermischen. Vom Herd nehmen.
5. An dieser Stelle hat die Masse eine dicke, teigartige Konsistenz. Abkühlen lassen und dann zu einem flachen Dreieck ausrollen.
6. Den restlichen Käse auf der Hälfte des Teigs verteilen und dann wie ein Sandwich mit dem Käse in der Mitte umknicken.
7. Falten Sie es noch einmal um und verschließen Sie die Kanten mit den Händen.
8. In kleine Felder schneiden, Sie erhalten etwa 35-40.
9. Wickeln Sie eine Scheibe Speck um jedes Stück und sichern Sie es mit einem Zahnstocher. Wiederholen Sie dies für alle.
10. Öl/Ghee in einer Pfanne erhitzen und braten, bis sie braun und knusprig sind.
11. Sofort servieren.

NÄHRWERTINFORMATIONEN (Pro portion)

Kalorien: 275 Fett: 31g Eiweiß: 0g Gesamt-Kohlenhydrate: 2g Ballaststoffe: 1g Netto-Kohlenhydrate: 1g

FRÜHLING

Herzhafte Bissen & Schokolade

GRASHÜPFER SCHOKOLADEN-*Becher*

ZUTATEN:

- 175g ungesüßte dunkle Schokoladenchips
- 2 Esslöffel Kokosöl
- 1 Teelöffel reiner Pfefferminzextrakt
- 10 Tropfen flüssiges Stevia
- ½ Teelöffel Meersalz

Schwierigkeitsgrad: 2 | 10 minuten (plus Abkühlzeit) | 2 minuten | x8 (1 tasse each) €€

ZUBEREITUNG:

1. Bestücken Sie ein Backblech mit Mini-Muffinförmchen und stellen es beiseite.
2. Bereiten Sie den Schokoladenüberzug vor, indem Sie das Kokosöl bei schwacher Hitze in einen Topf geben. Das Öl schmelzen und dann die Schokoladenchips und das Salz hinzufügen.
3. Die Mischung kontinuierlich umrühren, bis sie vollständig geschmolzen ist.
4. Pfefferminzextrakt und Stevia unterrühren.
5. Gießen Sie die Mischung in die Mini-Muffinförmchen und füllen Sie sie ¾ voll.
6. Für ca. 15 Minuten oder bis zum Aushärten einfrieren.
7. Bewahren Sie die Reste im Kühl- oder Gefrierschrank auf.

Vorbereitungsanleitung:

Sie können den Pfefferminzextrakt ersetzen und auf Wunsch Vanille- oder Mandelextrakt verwenden.

Serviervorschlag:

Mit einer Tasse ungesüßter Mandelmilch servieren.

Nährwertinformationen:

Kohlenhydrate: 8g

Ballaststoffe: 4g

Netto-Kohlenhydrate: 4g

Fett: 19g

Eiweiß: 4g

Kalorien: 231

SAMOAS
Fettbomben

ZUTATEN:

- 150g rohe Cashewnüsse
- 2 Esslöffel Butter (verwenden Sie Ghee für eine Paläo-Version)
- 2 Esslöffel ungesüßte Kokosbutter
- 1 Esslöffel Swerve-Süßstoff (verwenden Sie Kokoszucker für eine Paläo-Version)
- 2 Esslöffel ungesüßte Kokoscreme
- 1 Teelöffel reiner Vanilleextrakt
- 1 Teelöffel Schwarzband-Melasse
- ½ Teelöffel Meersalz
- 50g ungesüßte Kokosraspel

Schwierigkeitsgrad: 1	15 minuten (plus Abkühlzeit)	0 minuten	x20 (1 fettbomben each) €€

ZUBEREITUNG:

1. Ein Backblech mit Backpapier auslegen und die ungesüßten Kokosraspel in eine große Schüssel geben. Beiseite stellen.
2. Geben Sie die Cashewnüsse, die Butter und die Kokosbutter in einen Hochgeschwindigkeitsmixer oder eine Küchenmaschine und verarbeiten Sie sie, bis die Cashewnüsse fein gemahlen sind.
3. Swerve, Kokoscreme, Vanille, Melasse und Salz hinzufügen und erneut verrühren.
4. In 20 mundgerechte Bällchen formen und in den ungesüßten Kokosraspeln rollen.
5. Auf das mit Backpapier ausgekleidete Backblech legen und vor dem Genießen für 30 Minuten in den Kühlschrank stellen.
6. Bewahren Sie Reste abgedeckt im Kühlschrank oder Gefrierschrank auf.

Vorbereitungsanleitung:

Wenn Sie es eilig haben, können Sie die Fettbomben für 15 Minuten einfrieren oder für 30 Minuten kühlen.

Serviervorschlag:

Mit einer Tasse Kaffee oder Tee servieren.

Nährwertinformationen:
Kohlenhydrate: 6g
Ballaststoffe: 1g
Netto-Kohlenhydrate: 5g
Fett: 11g
Eiweiß: 2g
Kalorien: 120

OSTERSONNTAG-KAROTTENKUCHEN
Fettbomben

| Schwierigkeitsgrad: 1 | 15 minuten (plus Abkühlzeit) | 0 minuten | x14 (1 Fettbomben pro portion) €€ |

GF V P

ZUTATEN:

- 130g Walnüsse
- 225g ungesüßte Kokosbutter
- 65g geschredderte Karotten
- 50g ungesüßte Kokosraspel
- 1 Teelöffel Stevia-Pulver
- 1 Teelöffel reiner Vanilleextrakt
- 1 Teelöffel gemahlener Zimt
- ⅛ Teelöffel gemahlene Muskatnuss
- ⅛ Teelöffel gemahlener Ingwer

Vorbereitungsanleitung:

Sie können Pekannüsse oder Cashewnüsse anstelle der Walnüsse verwenden, wenn Sie möchten.

Serviervorschlag:

Mit einer Tasse Tee für ein leckeres Osterdessert servieren.

ZUBEREITUNG:

1. Fügen Sie Walnüsse, Kokosbutter, geschredderte Karotten und die Hälfte der Kokosraspel in eine Küchenmaschine oder einen Schnellmixer hinzu und mischen Sie sie gut zusammen.
2. Die restlichen Zutaten abzüglich der Kokosraspel hinzugeben und vermengen.
3. Im Kühlschrank für 15 Minuten abkühlen lassen.
4. In mundgerechte Bällchen rollen und in den restlichen Kokosraspeln wenden.
5. Genießen und die Reste im Kühlschrank oder in der Gefriertruhe lagern.

Nährwertinformationen:

Kohlenhydrate: 11g

Ballaststoffe: 6g

Netto-Kohlenhydrate: 5g

Fett: 29g

Eiweiß: 5g

Kalorien: 320

MANDEL-*Buttercups*

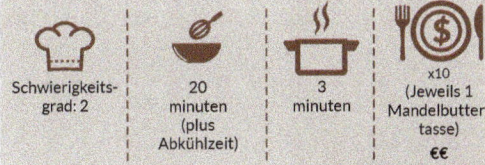

ZUTATEN:

Schokoladenüberzug:
- 175g ungesüßte dunkle Schokoladenchips
- 2 Esslöffel Kokosöl
- ½ Teelöffel Meersalz

Mandelbutter-Füllung:
- 60g ungesüßte Mandelbutter
- 1 Teelöffel Steviapulver
- 1 Teelöffel pures Vanilleextrakt
- 1 Esslöffel Kokosmehl

Nährwertinformationen:

Kohlenhydrate: 9g

Ballaststoffe: 4g

Netto-Kohlenhydrate: 5g

Fett: 19g

Eiweiß: 4g

Kalorien: 230

ZUBEREITUNG:

1. Bestücken Sie ein Backblech mit Mini-Muffinförmchen und stellen es beiseite.
2. Bereiten Sie den Schokoladenüberzug vor, indem Sie das Kokosöl bei schwacher Hitze in einen Topf geben. Das Öl schmelzen und dann die Schokoladenchips und das Salz hinzufügen.
3. Die Mischung kontinuierlich umrühren, bis sie vollständig geschmolzen ist.
4. Nach dem Schmelzen etwa 1 Teelöffel der Schokoladenmischung in die Mini-Muffinförmchen geben, um den Boden abzudecken. Für ca. 15 Minuten oder bis zur Aushärtung in den Gefrierschrank stellen.
5. Während die Schokolade aushärtet die Mandel-Butter-Füllung herstellen, indem Sie die Mandelbutter, Vanille und Stevia in eine Rührschüssel geben und verrühren.
6. Das Kokosmehl dazugeben und gut vermischen.
7. Nach dem Aushärten etwa einen Teelöffel der Mandel-Butter-Füllung in die Mini-Muffinförmchen geben und mit etwa 2 weiteren Teelöffeln der geschmolzenen Schokoladenmasse bedecken.
8. 15-20 Minuten oder bis zum Aushärten einfrieren.
9. Im Kühl- oder Gefrierschrank aufbewahren, bis Sie sie genießen.

Frühlings-Rezepte

HERZHAFTE ZITRONE-KOKOSNUSS-Bissen

ZUTATEN:

- 225g Frischkäse
- 4 Esslöffel Ghee, weich
- 10 Tropfen flüssiges Stevia
- 1 Esslöffel frisch gepresster Zitronensaft
- 50g ungesüßte Kokosraspel

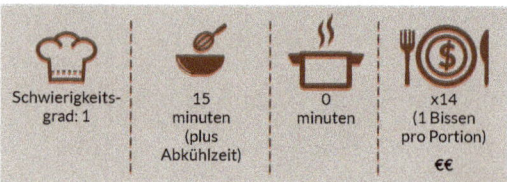

ZUBEREITUNG:

1. Frischkäse, Ghee und Stevia in einen Hochgeschwindigkeitsmixer oder eine Küchenmaschine geben und verrühren, bis die Mischung fluffig ist.
2. Den Zitronensaft dazugeben und erneut verrühren.
3. Die Mischung in Silikon-Mini-Muffinformen schöpfen und mit Kokosraspeln bestreuen.
4. Vor dem Genießen ca. 1 Stunde einfrieren.
5. Die Reste im Gefrierschrank aufbewahren.

Vorbereitungsanleitung:

Sie können Butter anstelle von Ghee verwenden, wenn Sie möchten.

Serviervorschlag:

Auf Wunsch mit einer Portion Schlagsahne servieren.

Nährwertinformationen:
Kohlenhydrate: 1g
Ballaststoffe: 0g
Netto-Kohlenhydrate: 1g
Fett: 10g
Eiweiß: 1g
Kalorien: 100

SAINT PATRICK'S DAY *Brownies*

| Schwierigkeits-grad: 2 | 15 minuten | 30-35 minuten | x8 (1 brownie pro portion) €€ |

ZUTATEN:

- 190g Mandelmehl
- 2 Eier
- 115g Butter, geschmolzen (verwenden Sie Kokosöl für eine Paläo-Version)
- 20g rohes, ungesüßtes Kakaopulver
- 1 Teelöffel Pfefferminzextrakt
- 1 Teelöffel Steviapulver
- 1 Teelöffel gluten- und aluminiumfreies Backpulver
- ⅛ Teelöffel Meersalz
- 2 Esslöffel Wasser

Minzglasur:

- 225g Frischkäse (verwenden Sie vollfette ungesüßte Kokoscreme für eine Paläo-Version)
- 1 Tropfen flüssiges Stevia
- 1 Teelöffel pflanzenbasierte Lebensmittelfarbe (grün, nicht künstlich)

Vorbereitungsanleitung:

Sie können 45g ungesüßte dunkle Schokoladenchips zum Teig hinzufügen, um zusätzlichen Geschmack zu erhalten.

Serviervorschlag:

Mit einer Tasse Kaffee oder Tee servieren.

ZUBEREITUNG:

1. Den Ofen auf 175°C vorheizen und eine 23x33cm-Backform mit Backpapier auslegen.
2. Die Eier in eine Rührschüssel geben und verquirlen.
3. Butter, Pfefferminzextrakt und Stevia unterrühren. Gut mischen.
4. Mandelmehl, Backpulver, Meersalz und Wasser hinzufügen. Gut mischen.
5. Die Masse in die ausgekleidete Backform gießen und 30-35 Minuten oder bis ein in die Mitte eingesetzter Zahnstocher sauber herauskommt backen.
6. Während die Brownies backen, machen Sie die Pfefferminzglasur, indem Sie den Frischkäse mit grüner Lebensmittelfarbe, dem Pfefferminzextrakt und Stevia in eine Rührschüssel geben. Verwenden Sie einen Handmixer, um die Mischung zu schlagen, bis sie eine fluffige Konsistenz erreicht.
7. Sobald die Brownies abgekühlt sind, mit der Glasur überziehen und dann in 8 Stücke schneiden.
8. Bewahren Sie die Reste im Kühlschrank auf.

Nährwertinformationen:

Kohlenhydrate: 5g

Ballaststoffe: 2g

Netto-Kohlenhydrate: 3g

Fett: 17g

Eiweiß: 8g

Kalorien: 192

FUNFETTI GEBURTSTAGS-*Kuchen*

ZUTATEN:

Für Streusel:

- 50g ungesüßte Kokosraspel
- Sortiment an pflanzlichen Lebensmittelfarbstoffen

Für Kuchen:

- 190g fein gemahlenes Mandelmehl
- 2 Eier
- 450g Frischkäse
- 50ml ungesüßte Mandelmilch
- 115g Butter, geschmolzen
- 1 Teelöffel reiner Vanilleextrakt
- 50g Swerve
- 1 Teelöffel Backpulver
- Kokosöl zum Einfetten

Für Schlagsahne:

- 400g Crème Double
- 1 Tropfen flüssiges Stevia
- 1 Teelöffel reiner Vanilleextrakt

Vorbereitungsanleitung:

Sie können gerne ihren bevorzugten kalorienarmen Süßstoff verwenden.

Serviervorschlag:

Mit einem Glas ungesüßter Mandelmilch servieren.

Nährwertinformationen:

Kohlenhydrate: 6g	Fett: 22g
Ballaststoffe: 1g	Eiweiß: 4g
Netto-Kohlenhydrate: 5g	Kalorien: 216

ZUBEREITUNG:

1. Den Ofen auf 175°C vorheizen und eine große Kuchenform mit Kokosöl einfetten.
2. Machen Sie die Funfetti-Streusel, indem Sie die Kokosraspel in beliebig viele verschiedene Schalen teilen, je nachdem, wie viele Farben Sie verwenden möchten. Geben Sie ca. 3-4 Tropfen Lebensmittelfarbe in jede Schüssel und rühren Sie die Mischung um, um die Kokosraspel vollständig zu bedecken. Beiseite stellen.
3. Mandelmehl, Swerve und Backpulver in eine Schüssel geben. Zum Mischen verquirlen und dann beiseite stellen.
4. In einer separaten Schüssel die Eier, die geschmolzene Butter, den Frischkäse, die Vanille und die Mandelmilch gut verrühren.
5. Die trockene Mischung in die Eiermasse gießen und gut verrühren.
6. Die Streusel unterheben und gut umrühren.
7. Die Masse in die Kuchenform gießen und 25-30 Minuten oder bis ein in die Mitte eingesetzter Zahnstocher sauber herauskommt backen.
8. Während der Kuchen gebacken wird, die Schlagsahne vorbereiten, indem Sie die gesamten Zutaten in eine Küchenmaschine geben und mischen, bis sich eine cremeförmige Konsistenz bildet. Im Kühlschrank aufbewahren, bis sie eingesetzt wird.
9. Den Kuchen abkühlen lassen und dann unmittelbar vor dem Servieren mit Schlagsahne bestreichen.

Kalte Leckereien

MEERSALZ-VANILLE-MANDELBUTTER
Milchshake

Schwierigkeitsgrad: 1 | 5 minuten | 0 minuten | x2 (Über ½ tasse pro portion) €€

ZUTATEN:
- 200ml ungesüßte Mandelmilch
- 2 Esslöffel Mandelbutter
- 1 Teelöffel reiner Vanilleextrakt
- 1 Tropfen flüssiges Vanillecreme-Stevia
- 1 Prise Meersalz

ZUBEREITUNG:
1. Geben Sie alle Zutaten in einen Hochgeschwindigkeitsmixer und mischen Sie sie zu einem glatten Ganzen.
2. Sofort genießen.

Vorbereitungsanleitung:
Wenn Sie nicht auf Milchprodukte verzichten, können Sie in diesem Rezept 100g Schlagsahne und 100ml Vollmilch verwenden.

Serviervorschlag:
Auf Wunsch mit einer Portion ungesüßter Schlagsahne servieren.

Nährwertinformationen:
Kohlenhydrate: 4g
Ballaststoffe: 2g
Netto-Kohlenhydrate: 2g
Fett: 11g
Eiweiß: 4g
Kalorien: 124

Frühlings-Rezepte

HIMBEER-
Eisbecher

ZUTATEN:

- 1 Dose ungesüßte Vollfett-Kokoscreme
- 40g gefrorene Himbeeren
- 1 Teelöffel reiner Vanilleextrakt
- 1 Teelöffel flüssiges Stevia

Topping:
- 4 Esslöffel zuckerfreier Schokoladensirup
- 30g gehackte Walnuss

ZUBEREITUNG:

1. Kokoscreme, Himbeeren, Vanille und Stevia in einen Hochgeschwindigkeitsmixer geben und glatt rühren.
2. Mit dem zuckerfreien Schokoladensirup und der gehackten Walnuss bestreuen und servieren.

Vorbereitungsanleitung:
Sie können Erdbeeren anstelle von Himbeeren verwenden, wenn Sie möchten.

Serviervorschlag:
Auf Wunsch mit einer Portion Schlagsahne servieren.

Schwierigkeitsgrad: 1 | 10 minuten (plus Abkühlzeit) | 0 minuten | x8 €€

Nährwertinformationen:
Kohlenhydrate: 6g
Ballaststoffe: 1g
Netto-Kohlenhydrate: 5g
Fett: 15g
Eiweiß: 3g
Kalorien: 170

ERDBEER-MINZE-
Joghurt

ZUTATEN:

- 460g ungesüßter griechischer Vollfett-Joghurt (verwenden Sie ungesüßten Vollfett-Kokosmilchjoghurt für eine Paläo-Version).
- 145g Erdbeeren
- 1 Teelöffel frisch gehackte Minzblätter
- 1 Teelöffel reiner Vanilleextrakt

ZUBEREITUNG:

1. Geben Sie alle Zutaten in einen Hochgeschwindigkeitsmixer und mischen Sie sie zu einem glatten Ganzen.
2. Vor dem Servieren 1 Stunde im Kühlschrank abkühlen.
3. Genießen und Reste im Kühlschrank lagern.

Vorbereitungsanleitung:
Sie können in diesem Rezept auf Wunsch auch Himbeeren oder Heidelbeeren verwenden.

Serviervorschlag:
Auf Wunsch mit einer Portion Schlagsahne servieren.

Nährwertinformationen:

Kohlenhydrate: 5g

Ballaststoffe: 1g

Netto-Kohlenhydrate: 4g

Fett: 3g

Eiweiß: 7g

Kalorien: 80

OSTERLICH INSPIRIERTER KOKOS-*Pudding*

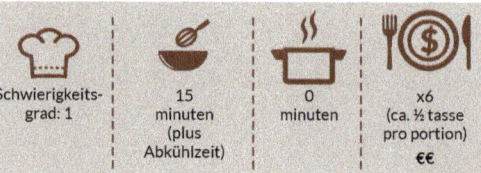

 GF

ZUTATEN:

- 400ml ungesüßte Vollfett-Kokosmilch
- 200g Crème Double (verwenden Sie eine weitere Tasse ungesüßte Kokosnussmilch für eine Paläo-Version).
- 2 Esslöffel Ghee, geschmolzen
- 105g Erythritol
- 100g ungesüßte Kokosraspel, aufgeteilt
- 1 Teelöffel reiner Vanilleextrakt

ZUBEREITUNG:

1. Kokosmilch, Crème Double, Vanille und geschmolzenen Ghee in eine Küchenmaschine geben und glatt rühren.
2. Fügen Sie das Erythritol und 50g Kokosraspel hinzu.
3. Eine Stunde lang kalt stellen.
4. Nach dem Abkühlen auf 6 Tassen verteilen und mit zusätzlichen Kokosraspeln bedecken und servieren.

Vorbereitungsanleitung:

Sie können gerne 1 Tropfen flüssiges Stevia anstelle des Erythritols verwenden, wenn Sie möchten.

Serviervorschlag:

Auf Wunsch mit einer Portion Schlagsahne servieren.

Nährwertinformationen:

Kohlenhydrate: 7g

Ballaststoffe: 3g

Netto-Kohlenhydrate: 4g

Fett: 35g

Eiweiß: 3g

Kalorien: 340

KEY LIME PIE *Pudding*

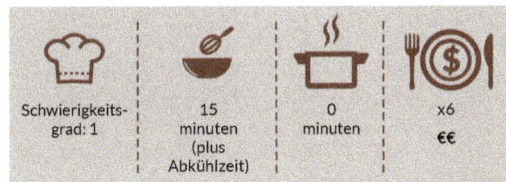

ZUTATEN:

- 200ml ungesüßte Vollfett-Kokosmilch
- 2 Esslöffel Sour Cream (verwenden Sie Kokosnusscreme für eine Paläo-Version)
- 1 Esslöffel Erythritol (verwenden Sie Ahornsirup für eine Paläo-Version)
- 65ml frisch gepresster Limettensaft
- 1 Teelöffel reiner Vanilleextrakt
- 50g ungesüßte Kokosraspel
- 130g Walnüsse

ZUBEREITUNG:

1. Beginnen Sie, indem Sie die Walnüsse in eine Küchenmaschine geben und mischen Sie sie, bis sie zerbröckelt sind. Beiseite stellen.
2. Fügen Sie alle Zutaten außer die ungesüßten Kokosraspel in einen Mixer oder eine Küchenmaschine und mischen Sie sie cremig.
3. Die zerbröckelten Walnüsse auf den Boden von 6 Servierschalen aufteilen und dann die Mischung gleichmäßig auf die Schalen verteilen.
4. Mit Kokosraspel bestreuen.
5. Vor dem Servieren 30 Minuten kühl stellen.

Vorbereitungsanleitung:

Sie können Frischkäse anstelle von Sour Cream verwenden, wenn Sie möchten.

Serviervorschlag:

Auf Wunsch mit einer Portion Schlagsahne servieren.

Nährwertinformationen:

Kohlenhydrate: 8g

Ballaststoffe: 3g

Netto-Kohlenhydrate: 5g

Fett: 25g

Eiweiß: 6g

Kalorien: 255

Frühlings-Rezepte

PISTAZIEN-BROWNIETEIG-
Milchshake

ZUTATEN:

- 100g Crème Double (verwenden Sie Kokosmilch für eine Paläo-Version)
- 100ml ungesüßte Mandelmilch
- 3 Tropfen flüssiges Stevia
- 2 Esslöffel rohes, ungesüßtes Kakaopulver
- 1 Esslöffel Rohkakao-Nibs
- 2 Esslöffel geröstete, ungesalzene Pistazien

ZUBEREITUNG:

1. Geben Sie alle Zutaten in einen Hochgeschwindigkeitsmixer und mischen Sie sie zu einem glatten Ganzen.
2. Sofort servieren.

Vorbereitungsanleitung:

Sie können jeden beliebigen Low Carb-Süßstoff verwenden.

Serviervorschlag:

Auf Wunsch mit einer Portion Schlagsahne servieren.

Nährwertinformationen:
Kohlenhydrate: 6g
Ballaststoffe: 3g
Netto-Kohlenhydrate: 3g
Fett: 16g
Eiweiß: 3g
Kalorien: 165

Fettbomben

ROTE PLÄTZCHEN

Portionen : 12
Vorbereitungszeit : 5 minuten
Kochzeit : Keine
Gefrierzeit : 2 stunden

ZUSATZTIPP

Wenn Sie keinen Spritzbeutel haben oder nicht wissen, wie man ihn verwendet, besorgen Sie sich einfach eine flexible Eiswürfelform. Die Mischung in die Form füllen und einfrieren. Für extra Spaß können Sie süße Formen wählen.

ZUTATEN:

- 30ml Vollmilch
- 30ml Schlagsahne
- 4 gewürfelte Erdbeeren
- 4 entsteinte Kirschen
- 4 Esslöffel Kokosöl
- 4 Esslöffel Bio-Butter
- Stevia nach Geschmack

ZUBEREITUNG:

1. Geben Sie die gewürfelten Erdbeeren und Kirschen in einen Mixer. Pürieren Sie sie.
2. Vollmilch, Schlagsahne und Stevia hinzufügen. Alles gut vermischen.
3. Schmelzen Sie die Butter in einem Topf oder in der Mikrowelle und fügen Sie die Mischung hinzu. Fügen Sie auch das Kokosöl hinzu und vermischen alles gut.
4. Geben Sie die Mischung in einen Spritzbeutel. Kleine Tröpfchen auf ein Backblech ausdrücken und für einige Stunden einfrieren.
5. Im Gefrierschrank aufbewahren und bei Bedarf genießen.

NÄHRWERTINFORMATIONEN (Pro portion)

Kalorien: 78 Fett: 9g Eiweiß: 0g Gesamt-Kohlenhydrate: 1g Ballaststoffe: 0g Netto-Kohlenhydrate: 0g

SCHOKOLADEN KOKOSBOMBEN

Portionen : 12
Vorbereitungszeit : 20 minuten
Kochzeit : Keine
Gefrierzeit : 1 Stunde

ZUSATZTIPP
Sie können außerdem 50g Kokosraspel für etwas Textur hinzufügen.

ZUTATEN:

- 210g Kokosöl (fest)
- 55g dunkles Kakaopulver
- 1 Teelöffel Pfefferminzextrakt
- ½ Teelöffel Vanilleextrakt
- 5 Tropfen Stevia
- Eine Prise Salz

ZUBEREITUNG:

1. Geben Sie alle Zutaten in eine Küchenmaschine und mischen Sie sie.
2. Mit einem Teelöffel Kugeln formen und auf Backpapier fallen lassen.
3. Bis zur Verfestigung im Kühlschrank aufbewahren und gekühlt aufbewahren.

NÄHRWERTINFORMATIONEN (Pro portion)

Kalorien: 126 Fett: 14g Eiweiß: 0g Gesamt-Kohlenhydrate: 0g Ballaststoffe: 0g Netto-Kohlenhydrate: 0g

ERDNUSSBUTTER-EXPLOSION

Portionen :12
Vorbereitungszeit :10 minuten
Kochzeit :Keine
Refrigeration time :30 minuten

ZUSATZTIPP

Sie können auch Mandel- oder Haselnussbutter anstelle von Erdnussbutter verwenden.

ZUTATEN:

- 50g cremige, ungesüßte Erdnussbutter
- 2 Esslöffel Bio-Butter
- 1 Esslöffel Kokosöl
- 2-3 Tropfen Stevia
- 50g ungesüßte Kokosraspel
- 150g gesiebtes Kokosmehl
- ¼ Teelöffel Salz
- 60g gehackte Erdnüsse

ZUBEREITUNG:

1. Beginnen Sie, indem Sie Erdnussbutter, Butter, Kokosöl und Stevia bei niedriger/ mittlerer Hitze in einen kleinen Topf geben und verrühren, bis sie geschmolzen sind.

2. Die ungesüßte Kokosnuss, das Kokosmehl und das Salz dazugeben. Verrühren.

3. Die Mischung in eine Schüssel geben und für 30 Minuten abgedeckt in den Kühlschrank stellen.

4. Während die Mischung abkühlt, die gehackten Erdnüsse in eine Rührschüssel geben und beiseite stellen.

5. Sobald die Mischung abgekühlt ist, in Kugeln rollen und dann in den zerdrückten Erdnüssen rollen.

6. Bewahren Sie die Reste im Kühlschrank auf.

NÄHRWERTINFORMATIONEN (Pro portion)

Kalorien: 93 Fett: 9g Eiweiß: 2g Carbohydrates: 3g Netto-Kohlenhydrate: 2g Ballaststoffe: 1g

Frühlings-Rezepte

FRISCHKÄSE KRATER

Portionen : 12
Vorbereitungszeit : 5 minuten
Kochzeit : Keine
Gefrierzeit : 3 stunden

ZUSATZTIPP

Sie können auch Mascarpone-Käse anstelle von Frischkäse verwenden

ZUTATEN:

- 110g Vollfett-Frischkäse
- 60g gehackte Walnüsse oder Nüsse nach Wahl
- 60g geriebene Zartbitterschokolade
- Stevia nach Geschmack

FÜR DIE FÜLLUNG:

- 4 Esslöffel Bio-Butter
- 2 Esslöffel Espressopulver
- 2 Esslöffel Crème Double
- Stevia nach Geschmack

ZUBEREITUNG:

1. Den Frischkäse weich werden lassen und die dunkle Schokolade, die gehackten Nüsse und Stevia unterrühren.
2. 12 Mini-Cupcake-Förmchen nehmen und mit der Mischung so füllen, dass eine Kraterform entsteht.
3. Für ca. 2 Stunden in den Gefrierschrank stellen.
4. In der Zwischenzeit die Butter schmelzen und die Crème Double einrühren. Rest der Zutaten für die Füllung einrühren.
5. Nehmen Sie die Krater aus dem Gefrierschrank und füllen Sie sie jeweils mit einer kleinen Menge Füllung.
6. Im Kühlschrank aufbewahren und genießen, wann immer Sie wollen.

NÄHRWERTINFORMATIONEN (Pro portion)

Kalorien: 100 Fett: 10g Eiweiß: 2g Gesamt-Kohlenhydrate: 2g Ballaststoffe: 0g Netto-Kohlenhydrate: 2g

HERZHAFTE LACHSBISSEN

Portionen: 12   Vorbereitungszeit: 5 minuten   Kochzeit: Keine   Gefrierzeit: Keine

ZUTATEN:

- 50g geräucherter Lachs
- 230g Mascarpone-Käse
- 150g Bio-Butter (weich)
- 1 Esslöffel Apfelessig
- 1 Esslöffel gehackte Petersilie
- Salz nach Geschmack

ZUBEREITUNG:

1. Den Käse mit einer Gabel weich drücken und Essig, Petersilie und Salz unterrühren.
2. Die Butter und den Lachs dazugeben und gut vermischen.
3. Zu kleinen Kugeln formen und auf Backpapier auslegen.
4. Kühlen, bis sie fest sind.

ZUSATZTIPP

Probieren sie für einen anderen geschmack makrele statt lachs.

NÄHRWERTINFORMATIONEN (Pro portion)

Kalorien: 117   Fett: 13g   Eiweiß: 3g   Gesamt-Kohlenhydrate: 1g   Ballaststoffe: 0g   Netto-Kohlenhydrate: 1g

Frühlings-Rezepte

KOKOSNUSS-SCHOKOLADEN-FONDANT

Portionen : 12
Vorbereitungszeit : 10 minuten
Kochzeit : Keine
Gefrierzeit : Über Nacht

ZUSATZTIPP

Geben Sie einige gehackte Nüsse hinzu, um einen nussigen Geschmack zu erhalten.

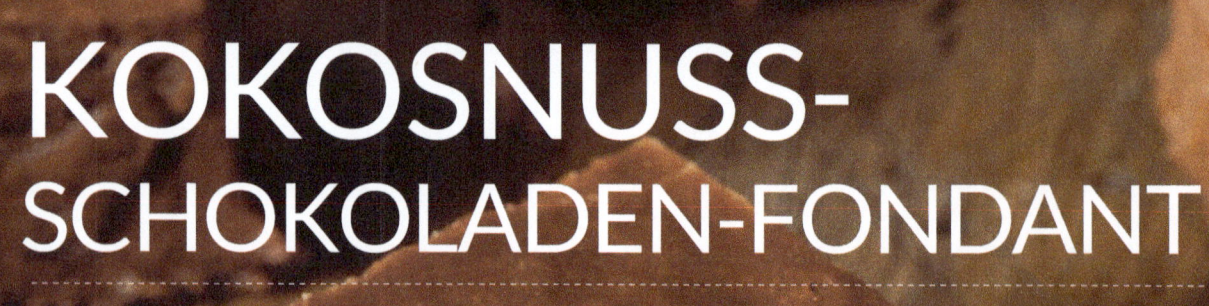

ZUTATEN:

- 60g dunkle Schokoladenchips
- 55g Kakaopulver
- 105g Kokosöl
- 50ml vollfette Kokosnussmilch
- 1 Teelöffel Vanilleextrakt
- Stevia nach Geschmack

ZUBEREITUNG:

1. Das Kokosöl schmelzen und in einen Mixer geben.
2. Den Rest der Zutaten zugeben und zu einem glatten und cremigen Teig verarbeiten.
3. Eine Auflaufform mit Backpapier auslegen und die Mischung hineingeben.
4. Über Nacht einfrieren.
5. In kleine Quadrate schneiden und im Kühlschrank aufbewahren.

NÄHRWERTINFORMATIONEN (Pro portion)

Kalorien: 78 Fett: 8g Eiweiß: 1g Gesamt-Kohlenhydrate: 4g Ballaststoffe: 1g Netto-Kohlenhydrate: 3g

MATCHA
& ZARTBITTERSCHOKOLADE-BECHER

Portionen: 12   Vorbereitungszeit: 10 minuten   Kochzeit: Keine   Gefrierzeit: 2 stunden

ZUTATEN:

- 280g dunkle Schokoladenchips
- 55g Bio-Butter
- ½ Esslöffel Matcha Grüntee-Pulver
- 2 Teelöffel Kokosöl
- Stevia nach Geschmack

ZUBEREITUNG:

1. Die Schokoladenchips in einem Topf schmelzen und das Kokosöl unterrühren.
2. Eine Muffinform einfetten oder auslegen und die Schokoladenmischung seitlich auftragen.
3. Für ca. eine Stunde in den Gefrierschrank stellen.
4. In der Zwischenzeit die Butter weich werden lassen und das Matchapulver und Stevia unterrühren.
5. Wenn die Mischung ausgehärtet ist, aus dem Gefrierschrank nehmen und mit der Matcha-Mischung füllen.
6. Im Kühlschrank aufbewahren und bei Bedarf essen.

ZUSATZTIPP

Sie können mehr Matcha-Pulver hinzufügen, wenn Sie einen stärkeren Geschmack möchten

NÄHRWERTINFORMATIONEN (Pro portion)

Kalorien: 135   Fett: 14g   Eiweiß: 1g   Gesamt-Kohlenhydrate: 3g   Ballaststoffe: 2g   Netto-Kohlenhydrate: 1g

Frühlings-Rezepte

HERZHAFTE LIMETTENKUCHE

Portionen : 12
Vorbereitungszeit : 5 minuten
Kochzeit : 7 minuten
Gefrierzeit : 2 stunden

ZUSATZTIPP

Ich persönlich mag einen leichten Überzug aus geschmolzener dunkler Schokolade darüber. Es passt gut zu den Limetten.

ZUTATEN:

- 95g Mandelmehl
- 3 Esslöffel Butter
- 1 Esslöffel gemahlener Zimt
- ½ Teelöffel Vanilleextrakt
- Stevia nach Geschmack

FÜR DIE FÜLLUNG:

- 110g Vollfett Frischkäse
- 50g Kokosöl
- 3 Esslöffel Bio-Butter
- 2 Limetten
- Stevia nach Geschmack
- Eine Handvoll Babyspinat (optional - bringt Farbe ins Spiel)

ZUBEREITUNG:

1. Die ersten fünf Zutaten zu einer zerbröckelten Mischung mischen.
2. Diese Mischung in den Boden von 12 Muffinförmchen drücken und 7 Minuten bei 175°C Grad backen.
3. Während die Krusten backen, die Limetten entsaften und die Schale reiben.
4. Die gesamten Füllungszutaten in eine Küchenmaschine geben und glatt rühren.
5. Die Krusten auf Raumtemperatur abkühlen lassen und dann die Mischung in die Mitte gießen. Einfrieren, bis sie ausgehärtet ist.

NÄHRWERTINFORMATIONEN (Pro portion)

Kalorien: 146 Fett: 15g Eiweiß: 3g Gesamt-Kohlenhydrate: 2g Ballaststoffe: 1g Netto-Kohlenhydrate: 1g

ST. PATRICK'S FONDANT

Portionen : 12
Vorbereitungszeit : 10 minuten
Kochzeit : Keine
Gefrierzeit : Über Nacht

ZUSATZTIPP

1. Verwenden Sie kleeblattförmige Formen für eine schöne Präsentation.

2. Fügen Sie für das gewisse Etwas gemahlene Nüsse hinzu.

ZUTATEN:

- 280g Kokosöl
- 4 Esslöffel Kakaopulver
- 2 Esslöffel Steviapulver
- ½ Teelöffel Pfefferminzextrakt

ZUBEREITUNG:

1. Vermischen Sie alle Zutaten.

2. In Formen oder Eiswürfelbehälter füllen und über Nacht kühlen.

3. Voila! Die einfachen und leckeren Fettbomben sind fertig.

NÄHRWERTINFORMATIONEN (Pro portion)

Kalorien: 206 Fett: 24g Eiweiß: 0g Gesamt-Kohlenhydrate: 0g Ballaststoffe: 0g Netto-Kohlenhydrate: 0g

Frühlings-Rezepte

FENCHEL & MANDELBISSEN

Portionen: 12   Vorbereitungszeit: 5 minuten   Kochzeit: Keine   Gefrierzeit: 3 stunden

ZUTATEN:

- 50ml Mandelmilch
- 50ml Mandelöl
- 25g Kakaopulver
- 1 Teelöffel Fenchelsamen
- 1 Teelöffel Vanilleextrakt (optional)
- Eine Prise Salz

ZUBEREITUNG:

1. Mandelmilch und Mandelöl mischen und zu einer gleichmäßigen, glänzenden Masse verarbeiten. Verwenden Sie einen Elektroschläger für schnellere Ergebnisse.
2. Die restlichen Zutaten untermischen.
3. In einen Spritzbeutel füllen und mit den Formen kreativ werden. Achten Sie darauf, Backpapier als Unterlage zu verwenden, da sie sonst haften bleiben können.
4. Für 3 Stunden einfrieren und dann im Kühlschrank aufbewahren.

ZUSATZTIPP

Sie können auch Kokosmilch und Kokosöl anstelle von Mandelprodukten verwenden.

NÄHRWERTINFORMATIONEN (Pro portion)

Kalorien: 172   Fett: 20g   Eiweiß: 1g   Gesamt-Kohlenhydrate: 1g   Ballaststoffe: 1g   Netto-Kohlenhydrate: 0g

WEISSE SCHOKOLADENBOMBEN

Portionen : 12
Vorbereitungszeit : 15 minuten
Kochzeit : 5 minuten
Gefrierzeit : 1 Stunde

ZUSATZTIPP

Probieren Sie verschiedene Schokoladensorten aus, um eine große Vielfalt an

ZUTATEN:

- 110g Kakaobutter
- 150g gehackte Pekannüsse oder Walnüsse
- 6 Esslöffel Grasbutter
- 6 Esslöffel Kokosöl
- ¾ Teelöffel Vanilleextrakt
- ⅛ Teelöffel Meersalz
- Stevia nach Geschmack

SCHOKOLADENÜBERZUG

- 7g Kakaobutter
- 28g weiße Backschokolade, ungesüßt
- ⅛ Teelöffel Stevia-Extrakt
- ⅛ Teelöffel Vanilleextrakt

ZUBEREITUNG:

1. Butter, Kakaopulver und Kokosöl in einem Top zum Schmelzen bringen. Gut mischen.
2. Den Rest der (nicht schokoladigen) Zutaten zugeben und mischen.
3. In die Lieblingsformen/Tassen geben und über Nacht in den Kühlschrank stellen.
4. Um die weiße Kuvertüre vorzubereiten, Schokolade und Butter in einem Topf schmelzen und Vanille und Stevia dazugeben.
5. Den Boden aus den Formen nehmen und in die Schokoladenmasse eintauchen. Dann im Kühlschrank 2-3 Stunden aushärten lassen.

NÄHRWERTINFORMATIONEN (Pro portion)

Kalorien: 287 Fett: 30g Eiweiß: 1g Gesamt-Kohlenhydrate: Weniger als 1g Ballaststoffe: 0g
Netto-Kohlenhydrate: Weniger als 1g

CREMIGE AVOCADO & SPECKKUGELN

Portionen: 12   Vorbereitungszeit: 10 minuten   Kochzeit: 15 minuten   Gefrierzeit: Keine

ZUTATEN:

- 1 Avocado
- 1 Chilischote
- 1 Zwiebel
- 115g Bio-Butter
- 4 Scheiben Speck
- 1 Esslöffel frischer Limettensaft
- ¼ Teelöffel Meersalz
- Eine Prise Pfeffer

ZUBEREITUNG:

1. Zwiebeln und Chilischoten schneiden (entkernen, wenn Sie es etwas milder mögen).
2. Den Speck in seinem Fett knusprig braten.
3. Die Avocado schneiden und würfeln.
4. Alle Zutaten, einschließlich des Speck-Fetts (nicht des Specks selbst), in eine Küchenmaschine geben und glatt rühren.
5. Den Speck hacken und mit der cremigen Masse vermengen.
6. Löffelweise auf Backpapier geben.
7. 2-3 Stunden kühlen
8. Servieren, wenn es fest ist.

ZUSATZTIPP
Wenn Sie kein Fan von würzigen Speisen sind, verwenden Sie entweder eine milde Chilischote oder lassen Sie sie ganz weg.

NÄHRWERTINFORMATIONEN (Pro portion)

Kalorien: 156   Fett: 15g   Eiweiß: 3g   Gesamt-Kohlenhydrate: 3g   Ballaststoffe: 1g   Netto-Kohlenhydrate: 1g

MAKRONEN

Portionen: 12   Vorbereitungszeit: 10 minuten   Kochzeit: 15 minuten   Gefrierzeit: Keine

Zutaten:

- 50g Kokosraspeln
- 25g Mandelmehl
- 1 Esslöffel Kokosnussöl
- 1 Teelöffel Vanilleextrakt
- 3 Eiweiß
- Stevia nach Geschmack

ZUBEREITUNG:

1. Alle trockenen Zutaten zusammensieben.
2. Kokosöl schmelzen und den Vanilleextrakt unterrühren.
3. Das Kokosöl in die Trockenmasse gießen und gut vermischen.
4. Das Eiweiß schlagen, bis sich steife Spitzen bilden.
5. Die andere Mischung unterheben.
6. Löffelweise auf ein Backblech mit Backpapier geben.
7. 8 Minuten lang bei 200 °C backen.
8. Abkühlen lassen und genießen!

ZUSATZTIPP

Wenn Sie Schwierigkeiten haben, das Eiweiß steif zu schlagen, verwenden Sie eine gekühlte Schüssel viel Geduld.

NÄHRWERTINFORMATIONEN (Pro portion)

Kalorien: 46   Fett: 5g   Eiweiß: 2g   Gesamt-Kohlenhydrate: Weniger als 1g   Ballaststoffe: 0g
Netto-Kohlenhydrate: Weniger als 1g

SOMMER

Fettbomben & Mousse

GEFRORENE KEKSTEIG-Fettbomben

ZUTATEN:

- 150g rohe Cashewnüsse
- 115g Kokosbutter
- 1 Teelöffel reiner Vanilleextrakt
- 10 Tropfen flüssiges Vanille-Stevia
- ¼ Teelöffel Meersalz
- 4 Esslöffel ungesüßte dunkle Schokoladenchips

Schwierigkeitsgrad: 1 | 10 minuten (plus Abkühlzeit) | 0 minuten | x14 (1 fettbomben pro portion) €€

GF DF P

ZUBEREITUNG:

1. Geben Sie die rohen Cashewnüsse und die Kokosbutter in eine Küchenmaschine oder einen Hochgeschwindigkeitsmixer und mischen Sie sie, bis die Cashewnüsse fein gemahlen sind.
2. Vanille, Stevia und Salz zugeben und vermischen.
3. Die dunklen Schokoladenchips unterheben.
4. Für 20 Minuten einfrieren und dann in mundgerechte Bällchen rollen.
5. Im Kühl- oder Gefrierschrank aufbewahren, bis Sie sie genießen.

Vorbereitungsanleitung:

Sie können Rohkakao-Nibs anstelle der dunklen Schokoladenchips verwenden.

Serviervorschlag:

Verfeinern Sie jede Fettbombe auf Wunsch mit einem Löffel ungesüßter Schlagsahne.

> **Nährwertinformationen:**
> **Kohlenhydrate:** 9g
> **Ballaststoffe:** 4g
> **Netto-Kohlenhydrate:** 5g
> **Fett:** 19g
> **Eiweiß:** 3g
> **Kalorien:** 206

Sommer-Rezepte

GEFRORENE BROWNIE-Fettbomben

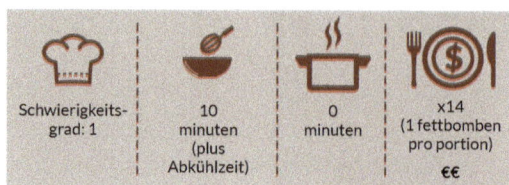

ZUTATEN:

- 110g rohe Mandeln
- 2 Esslöffel rohes, ungesüßtes Kakaopulver
- 115g Kokosbutter
- 1 Teelöffel reiner Vanilleextrakt
- 10 Tropfen flüssiges Vanille-Stevia
- ¼ Teelöffel Meersalz
- 4 Esslöffel ungesüßte dunkle Schokoladenchips

Vorbereitungsanleitung:

Sie können Rohkakao-Nibs anstelle von dunklen Schokoladenchips verwenden.

Serviervorschlag:

Verfeinern Sie jede Fettbombe auf Wunsch mit einem Löffel ungesüßter Schlagsahne.

ZUBEREITUNG:

1. Rohe Mandeln und Kokosbutter in eine Küchenmaschine oder einen Hochgeschwindigkeitsmixer geben und mischen, bis die Mandeln fein gemahlen sind.
2. Vanille, Stevia und Salz zugeben und vermischen.
3. Die dunklen Schokoladenchips unterheben.
4. Für 20 Minuten einfrieren und dann in mundgerechte Bällchen rollen.
5. Im Kühl- oder Gefrierschrank aufbewahren, bis Sie sie genießen.

Nährwertinformationen:

Kohlenhydrate: 8g
Ballaststoffe: 5g
Netto-Kohlenhydrate: 3g
Fett: 18g
Eiweiß: 3g
Kalorien: 191

ERDBEER-*Mousse*

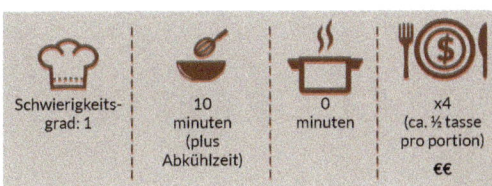

Schwierigkeits-grad: 1 | 10 minuten (plus Abkühlzeit) | 0 minuten | x4 (ca. ½ tasse pro portion) €€

ZUTATEN:

- 200ml ungesüßte Vollfett-Kokosmilch
- 200g Crème Double
- 75g gefrorene Erdbeeren
- 1 Teelöffel reiner Vanilleextrakt
- 2 Teelöffel Swerve
- 1 Esslöffel frisch gepresster Zitronensaft

ZUBEREITUNG:

1. Alle Zutaten in einen Mixer oder eine Küchenmaschine geben und cremig rühren.
2. Auf 4 Schalen verteilen und vor dem Servieren 1 Stunde lang kalt stellen.
3. Vor dem Servieren 30 Minuten kühl stellen.

Vorbereitungsanleitung:

Sie können ein 200ml Kokosmilch anstelle der Crème Double verwenden, wenn Sie auf Milchprodukte verzichten.

Serviervorschlag:

Auf Wunsch mit ungesüßten Kokosraspeln servieren.

Nährwertinformationen:

Kohlenhydrate: 5g

Ballaststoffe: 0g

Netto-Kohlenhydrate: 5g

Fett: 15g

Eiweiß: 1g

Kalorien: 148

Kalte Leckereien

SUPER CREMIGER SCHOKO-ERDNUSSBUTTER
Milchshake

ZUTATEN:

- 100ml ungesüßte Mandelmilch
- 50ml Kokosmilch
- 1 Esslöffel Rohkakaopulver
- 2 Esslöffel Erdnussbutter
- 3 Tropfen flüssiges Stevia
- 1 Teelöffel reiner Vanilleextrakt

ZUBEREITUNG:

1. Geben Sie alle Zutaten in einen Hochgeschwindigkeitsmixer und mischen Sie sie zu einem glatten Ganzen.
2. Sofort servieren.

Vorbereitungsanleitung:

Wenn Sie nicht auf Milchprodukte verzichten, können Sie in diesem Rezept 100g Crème Double und 200ml Vollmilch verwenden.

Serviervorschlag:

Auf Wunsch mit einer Portion ungesüßter Schlagsahne servieren.

Nährwertinformationen:

Kohlenhydrate: 7g
Ballaststoffe: 3g
Netto-Kohlenhydrate: 4g
Fett: 16g
Eiweiß: 5g
Kalorien: 185

DEKADENTES BROMBEER-*Eis* (OHNE RÜHREN)

ZUTATEN:
- 200g Crème Double
- 230g Sour Cream
- 55g gefrorene Brombeeren
- 10 Tropfen flüssiges Vanille-Stevia

ZUBEREITUNG:
1. Geben Sie alle Zutaten in einen Hochgeschwindigkeitsmixer und mischen Sie sie zu einem glatten Ganzen.
2. In einen großen Kunststoffbehälter füllen und ca. 4 Stunden oder bis zum Verfestigen einfrieren.
3. Vor dem Servieren einige Minuten bei Raumtemperatur ruhen lassen.

Vorbereitungsanleitung:
Sie können gerne jede Beere Ihrer Wahl in diesem Rezept verwenden.

Serviervorschlag:
Auf Wunsch mit einer Portion ungesüßter Schlagsahne servieren.

Schwierigkeitsgrad: 1 | 5 minuten (plus Abkühlzeit) | 0 minuten | x8 (Über ¼ tasse pro portion) €€

GF

Nährwertinformationen:
Kohlenhydrate: 3g
Ballaststoffe: 1g
Netto-Kohlenhydrate: 2g
Fett: 12g
Eiweiß: 1g
Kalorien: 117

HIMBEER-SAHNE *Eis* (OHNE RÜHREN)

ZUTATEN:
- 200g Crème Double
- 225g Frischkäse
- 80g gefrorene Himbeeren
- 10 Tropfen flüssiges Vanille-Stevia
- 1 Teelöffel reiner Vanilleextrakt

ZUBEREITUNG:
1. Geben Sie alle Zutaten in einen Hochgeschwindigkeitsmixer und mischen Sie sie zu einem glatten Ganzen.
2. In einen großen Kunststoffbehälter füllen und ca. 4 Stunden oder bis zur Verfestigung einfrieren.
3. Vor dem Servieren einige Minuten bei Raumtemperatur ruhen lassen.

Schwierigkeitsgrad: 1 | 5 minuten (plus Abkühlzeit) | 0 minuten | x8 (Über ¼ tasse pro portion) €€

Vorbereitungsanleitung:
Sie können gerne Beeren Ihrer Wahl in diesem Rezept verwenden.

Serviervorschlag:
Auf Wunsch mit einer Portion ungesüßter Schlagsahne servieren.

Nährwertinformationen:
Kohlenhydrate: 5g   Fett: 16g
Ballaststoffe: 1g   Eiweiß: 3g
Netto-Kohlenhydrate: 4g   Kalorien: 171

VEGANER HEIDELBEER FROZEN "Yogurt"

ZUTATEN:
- 2 Dosen ungesüßte Kokoscreme
- 80g gefrorene Heidelbeeren
- 10 Tropfen flüssiges Vanille-Stevia
- 1 Teelöffel reiner Vanilleextrakt

ZUBEREITUNG:
1. Geben Sie alle Zutaten in einen Hochgeschwindigkeitsmixer und mischen Sie sie zu einem glatten Ganzen.
2. In einen großen Kunststoffbehälter füllen und ca. 4 Stunden oder bis zur Verfestigung einfrieren.
3. Vor dem Servieren einige Minuten bei Raumtemperatur ruhen lassen.

Vorbereitungsanleitung:
Sie können gerne Beeren Ihrer Wahl in diesem Rezept verwenden.

Serviervorschlag:
Auf Wunsch mit einer Portion ungesüßter Schlagsahne servieren.

Nährwertinformationen:
Kohlenhydrate: 4g
Ballaststoffe: 1g
Netto-Kohlenhydrate: 3g
Fett: 26g
Eiweiß: 3g
Kalorien: 255

ERDBEERE & SAHNE FROZEN
"Yogurt" am Stiel

ZUTATEN:

- 200g Crème Double
- 230g Sour Cream
- 80g gefrorene Erdbeeren
- 10 Tropfen flüssiges Vanille-Stevia

ZUBEREITUNG:

1. Geben Sie alle Zutaten in einen Hochgeschwindigkeitsmixer und mischen Sie sie zu einem glatten Ganzen.
2. In 6 Eis am Stiel-Formen geben und vor dem Servieren 4-6 Stunden oder bis zur vollständigen Aushärtung einfrieren.

Vorbereitungsanleitung:

Sie können gerne Beeren Ihrer Wahl in diesem Rezept verwenden.

Serviervorschlag:

Sie können die Spitze der Eis am Stiel in geschmolzene, ungesüßte Zartbitterschokolade tauchen und sie für 10 Minuten in den Gefrierschrank stellen, um einen noch dekadenteren Genuss zu erhalten.

Schwierigkeitsgrad: 1 | 5 minuten (plus Abkühlzeit) | 0 minuten | x6 (1 Lutscher pro portion) €

GF

Nährwertinformationen:

Kohlenhydrate: 3g

Ballaststoffe: 0g

Netto-Kohlenhydrate: 3g

Fett: 15g

Eiweiß: 2g

Kalorien: 155

ORANGEN *Cremeschnitten*

Vorbereitungsanleitung:

Sie können für eine milchfreie Version Kokosmilch anstelle der Crème Double verwenden.

Serviervorschlag:

Das Eis am Stiel auf Wunsch mit ungesüßtem Schokoladensirup beträufeln.

ZUTATEN:

- 200g Crème Double (verwenden Sie ungesüßte Vollfett-Kokosmilch für eine Paläo-Version)
- 100ml ungesüßte Mandelmilch
- 60ml frisch gepresster Orangensaft
- 10 Tropfen flüssiges Vanille-Stevia

ZUBEREITUNG:

1. Geben Sie alle Zutaten in einen Hochgeschwindigkeitsmixer und mischen Sie sie zu einem glatten Ganzen.
2. In 6 Eis am Stiel-Formen geben und vor dem Servieren 4-6 Stunden oder bis zur vollständigen Aushärtung einfrieren.

Nährwertinformationen:

Kohlenhydrate: 2g

Ballaststoffe: 0g

Netto-Kohlenhydrate: 2g

Fett: 8g

Eiweiß: 1g

Kalorien: 77

Sommer-Rezepte

HERZHAFTER MOCHA-
Milchshake

ZUTATEN:

- 200g Crème Double
- 2 Esslöffel Butter, geschmolzen
- 115ml gebrühter Kaffee, gekühlt
- 1 Esslöffel ungesüßte Mandelbutter
- 1 Esslöffel Rohkakao-Nibs
- 1 Handvoll Eis

- **Optionale Toppings:** Schlagsahne und ungesüßtes Schokoladensirup

ZUBEREITUNG:

1. Geben Sie alle Zutaten in einen Hochgeschwindigkeitsmixer und mischen Sie sie zu einem glatten Ganzen.
2. In Gläser füllen und servieren.
3. Bei Verwendung mit Schlagsahne und ungesüßtem Schokoladensirup auffüllen.

Vorbereitungsanleitung:
Verwenden Sie eine milchfreie Version Kokosmilch anstelle der Schlagsahne und lassen die Butter weg.

Serviervorschlag:
Mit einer Portion ungesüßter Schlagsahne servieren.

Nährwertinformationen:

Kohlenhydrate: 5g	**Fett:** 41g
Ballaststoffe: 1g	**Eiweiß:** 3g
Netto-Kohlenhydrate: 4g	**Kalorien:** 390

KOKOSNUSS-SCHOKO
Lutscher

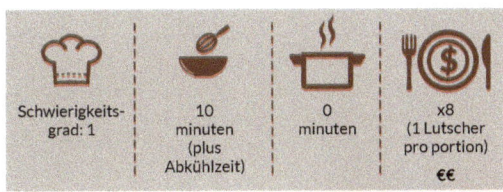

Schwierigkeitsgrad: 1 | 10 minuten (plus Abkühlzeit) | 0 minuten | x8 (1 Lutscher pro portion) €€

Vorbereitungsanleitung:
Sie können in diesem Rezept jede beliebige Nussbutter verwenden.

Serviervorschlag:
Die Eis am Stiel auf Wunsch mit ungesüßtem Schokoladensirup beträufeln.

ZUTATEN:
- 400ml ungesüßte Vollfett-Kokosmilch
- 115g Kokosbutter
- 1 Teelöffel reiner Vanilleextrakt
- 30g gehackte Walnüsse
- 10 Tropfen flüssiges Stevia
- 4 Esslöffel ungesüßte dunkle Schokoladenchips

ZUBEREITUNG:
1. Geben Sie Kokosmilch, Kokosbutter, Vanille, Walnüsse und Stevia in einen Hochgeschwindigkeitsmixer oder eine Küchenmaschine. Zum Mischen verrühren.
2. Die Schokoladenchips unterheben.
3. In Eis am Stiel-Formen füllen und vor dem Servieren 4-6 Stunden oder bis zur vollständigen Aushärtung gefrieren.

Nährwertinformationen:
Kohlenhydrate: 11g
Ballaststoffe: 6g
Netto-Kohlenhydrate: 5g
Fett: 30g
Eiweiß: 4g
Kalorien: 311

Sommer-Rezepte

SCHOKOLADE & MANDEL
Minz-Pudding

Schwierigkeitsgrad: 1 | 10 minuten (plus Abkühlzeit) | 0 minuten | x4 €€

ZUTATEN:

- 2 sehr reife Avocados, entkernt und geschält
- 50ml ungesüßte Vollfett-Kokosmilch
- 20g rohes, ungesüßtes Kakaopulver
- ½ Teelöffel Mandel-Extrakt
- ¼ Teelöffel reiner Pfefferminzextrakt
- 10 Tropfen flüssiges Stevia
- ⅛ Teelöffel Meersalz

ZUBEREITUNG:

1. Alle Zutaten in einen Mixer oder eine Küchenmaschine geben und cremig rühren.
2. Vor dem Genuss 30 Minuten abkühlen lassen.
3. Sobald er abgekühlt ist, sofort genießen.

Vorbereitungsanleitung:

Sie können Crème Double anstelle der Kokosmilch verwenden, wenn Sie nicht auf Milchprodukte verzichten.

Serviervorschlag:

Auf Wunsch mit gehackten Mandeln servieren.

Nährwertinformationen:

Kohlenhydrate: 13g
Ballaststoffe: 9g
Netto-Kohlenhydrate: 4g
Fett: 24g
Eiweiß: 3g
Kalorien: 253

HAUSGEMACHTES ERDBEER-SCHLAGSAHNE
Parfait

ZUTATEN:

- 200g Crème Double
- 1 Teelöffel reiner Vanilleextrakt
- 10 Tropfen flüssiges Vanillestevia
- 145g Erdbeeren, halbiert

ZUBEREITUNG:

1. Machen Sie Schlagsahne, indem Sie die Crème Double in eine große Schüssel mit Vanilleextrakt und Stevia geben.
2. Mit einem Handmixer schlagen, bis sich steife Spitzen bilden.
3. Die Hälfte der Erdbeeren auf den Boden eines Glases oder einer großen Schüssel geben und mit der Hälfte der geschlagenen Sahne belegen.
4. Wiederholen Sie diese 2 Schichten.
5. In 4 Portionen teilen und servieren.

Vorbereitungsanleitung:

Sie können ungezuckerte Vollfett-Kokosmilch für eine milchfreie Version verwenden.

Serviervorschlag:

Servieren Sie es mit frisch gehackten Minzblättern, um Geschmack hinzuzufügen.

Nährwertinformationen:

Kohlenhydrate: 4g

Ballaststoffe: 1g

Netto-Kohlenhydrate: 3g

Fett: 11g

Eiweiß: 1g

Kalorien: 118

Fettbomben

WÜRZIGE KOKOSBOMBEN

Portionen : 12
Vorbereitungszeit : 5 minuten
Kochzeit : Keine
Gefrierzeit : 3 stunden

ZUSATZTIPP

Wenn der Frischkäse sich beim Mischen trennt erreicht (kann durch die Säure von Limetten entstehen), keine Sorge. Ihre Fettbomben werden immer noch hervorragend werden.

ZUTATEN:

- 55g Vollfett-Frischkäse
- 15g Kokosflocken
- 55g Bio-Butter
- 105g Kokosöl
- 2 Esslöffel Kokosnusscreme
- 2 Teelöffel Vanilleextrakt
- 2 Limetten
- Stevia nach Geschmack

ZUBEREITUNG:

1. Die Limetten entsaften und die Schale raspeln.
2. Butter und Kokosöl zusammenschmelzen.
3. Vom Herd nehmen und Kokosnusscreme und Frischkäse unterrühren. Gut mischen.
4. Den Rest der Zutaten (außer den Kokosraspeln) zugeben und gut vermischen.
5. In kleine Kugeln rollen und in Kokosraspeln wenden, damit sie eine gleichmäßig bedeckt sind.
6. In Formen oder eine Muffinform geben und einfrieren.

NÄHRWERTINFORMATIONEN (Pro portion)

Kalorien: 122 Fett: 14g Eiweiß: 1g Gesamt-Kohlenhydrate: 1g Ballaststoffe: 0g Netto-Kohlenhydrate: 1g

MASCARPONE MOCHA-FETTBOMBEN

Portionen : 12
Vorbereitungszeit : 10 minuten
Kochzeit : Keine
Gefrierzeit : 3 stunden

ZUSATZTIPP
Sie können auch von Hand mischen, aber es dauert viel länger.

ZUTATEN:

- 115g Mascarpone-Käse
- 3 Esslöffel Steviapulver
- 2 Esslöffel Bio-Butter
- 1 Esslöffel Kokosnussöl
- 1 ½ Esslöffel Kakaopulver
- ½ Teelöffel Rum (optional)
- ¼ Teelöffel Instant-Kaffee
- Mehr Stevia nach Geschmack

ZUBEREITUNG:

1. Alle Zutaten (bis auf ½ Esslöffel Kakaopulver) in einen Mixer geben und mixen, bis die Konsistenz glatt und cremig ist.
2. In Silikonformen gießen und mit dem restlichen Kakaopulver bestreuen.
3. Einfrieren und genießen.

NÄHRWERTINFORMATIONEN (Pro portion)

Kalorien: 77 Fett: 8g Eiweiß: 1g Gesamt-Kohlenhydrate: 1g Ballaststoffe: 0g Netto-Kohlenhydrate: 1g

TROPISCHE TRÜFFEL

Portionen : 12
Vorbereitungszeit : 45 minuten
Kochzeit : Keine
Gefrierzeit : 2 stunden

ZUSATZTIPP
Sie können es auch mit Kakaopulver anstelle von gehackten Nüssen

ZUTATEN:

- 65g Proteinpulver (beliebiger Geschmack)
- 60ml Kokosmilch
- 45g weiße Schokoladenchips
- 4 Esslöffel Kokosraspeln
- 4 Esslöffel Kokosöl

FÜR DAS TOPPING:

- 160g Kokosbutter
- 3 Esslöffel gehackte Nüsse
- 1 Teelöffel Kokosöl

ZUBEREITUNG:

1. Mischen Sie die zu einer gründlichen Mischung und gießen Sie sie in Formen. Frieren Sie sie ein, bis die Basis fest ist. Dies dauert in der Regel eine Stunde.

2. In der Zwischenzeit die Kokosbutter und das Kokosöl für den Überzug schmelzen.

3. Jeden gefrorenen Trüffel in die Mischung tauchen und mit gehackten Nüssen bestreuen.

4. Eine weitere halbe Stunde in den Gefrierschrank stellen (oder Kühlschrank lagern) und genießen!

NÄHRWERTINFORMATIONEN (Pro portion)

Kalorien: 249 Fett: 26g Eiweiß: 5g Gesamt-Kohlenhydrate: 2g Ballaststoffe: 1g Netto-Kohlenhydrate: 1g

Einfaches Keto Dessert-Bundle

PEPPERONI
PIZZAGEBÄCK

Portionen: 12   Vorbereitungszeit: 20 minuten   Kochzeit: Keine   Gefrierzeit: Keine

ZUTATEN:

- 14 Scheiben Peperoni
- 8 Champignons
- 8 entkernte Oliven
- 110g Mascarpone-Käse.
- 2 Esslöffel Pesto
- 2 Esslöffel gehacktes Basilikum
- Salz und Pfeffer nach Belieben

ZUBEREITUNG:

1. Die Peperoni, Oliven und Champignons in kleine Stücke schneiden.
2. Die Champignons in einer Pfanne 2-3 Minuten lang anbraten, bis sie braun sind. Dann abkühlen lassen.
3. In einer Schüssel den Käse, das Pesto, das Salz und den Pfeffer vermengen.
4. Die Oliven, Champignons, Peperoni und Basilikum hinzufügen. Gut mischen.
5. In kleine Kugeln formen und servieren. Kein Einfrieren oder Kochen erforderlich.

ZUSATZTIPP
Werden Sie kreativ und fügen Sie so viele Beläge hinzu, wie Sie möchten.

NÄHRWERTINFORMATIONEN (Pro portion)

Kalorien: 110   Fett: 11g   Eiweiß: 2g   Gesamt-Kohlenhydrate: 2g   Ballaststoffe: 0g   Netto-Kohlenhydrate: 2g

Sommer-Rezepte

SCHNITTLAUCH & KÄSE

Portionen : 12
Vorbereitungszeit : 5 minuten
Kochzeit : Keine
Gefrierzeit : Keine

ZUSATZTIPP
Zusammen mit Kirschen als tollen Appetizer aufspießen.

ZUTATEN:

- 70g Vollfett-Frischkäse
- 15g frischer Schnittlauch
- Salz nach Belieben
- Mandelmehl

ZUBEREITUNG:

1. Schnittlauch klein hacken.
2. Den Frischkäse verrühren und mit dem Schnittlauch und Salz vermischen. Mandelmehl hinzugeben, um die Konsistenz anzupassen.
3. In kleine Bälle formen und etwa 30 Minuten im Kühlschrank abkühlen.

NÄHRWERTINFORMATIONEN (Pro portion)

Kalorien: 38   Fett: 3g   Eiweiß: 7g   Gesamt-Kohlenhydrate: Weniger als 1 g   Ballaststoffe: 0g
Netto-Kohlenhydrate: Weniger als 1 g

GELEE
Fettbomben

Portionen: 12   Vorbereitungszeit: 10 minuten   Kochzeit: Keine   Gefrierzeit: 2 stunden

ZUTATEN:
- 225g Vollfett-Frischkäse
- 1 Packung Gelee (jeder Geschmack und zuckerfrei)
- 1 Teelöffel Limettensaft

ZUBEREITUNG:
1. Den Frischkäse weich werden lassen und den Limettensaft unterrühren.
2. Zu kleinen Bällen formen.
3. In Gelee rollen und über Nacht in den Kühlschrank stellen.

ZUSATZTIPP
Gehackte Früchte mit dem gleichen Geschmack wie das Gelee hinzufügen, um es extra fruchtig zu machen.

NÄHRWERTINFORMATIONEN (Pro portion)
Kalorien: 105   Fett: 9g   Eiweiß: 3g   Gesamt-Kohlenhydrate: 1g   Ballaststoffe: 0g   Netto-Kohlenhydrate: 1g

BEEREN-KÄSE-NUSSKUGELN

Portionen : 12
Vorbereitungszeit : 10 minuten
Kochzeit : Keine
Gefrierzeit : Keine

ZUSATZTIPP

Für einen weicheren Geschmack etwas Olivenöl darüber träufeln.

ZUTATEN:

- 170g Ziegenkäse
- 95g getrocknete Cranberries
- 30g gehackte Pekannüsse
- 2 Esslöffel gehackte Petersilie
- Salz nach Belieben

ZUBEREITUNG:

1. Die Cranberries in kleine Stücke schneiden.
2. Den Käse weich werden lassen und alle Zutaten vermengen.
3. In kleine Kugeln formen und ca. 45 Minuten kalt stellen.
4. Servieren und genießen!

NÄHRWERTINFORMATIONEN (Pro portion)

Kalorien: 125 Fett: 10g Eiweiß: 7g Gesamt-Kohlenhydrate: 3g Ballaststoffe: 1g Netto-Kohlenhydrate: 2g

MINI ERDBEER-KÄSEKUCHEN

Portionen: 12   Vorbereitungszeit: 10 minuten   Kochzeit: Keine   Gefrierzeit: 2-3 stunden

ZUTATEN:

- 225g Kokosbutter
- 210g Kokosöl
- 80g geschnittene Erdbeeren
- 2 Esslöffel Vollfett-Frischkäse
- ½ Teelöffel Limettensaft
- Stevia nach Geschmack

ZUBEREITUNG:

1. Die Erdbeeren in eine Küchenmaschine geben und pürieren.
2. Frischkäse und Kokosbutter weich werden lassen.
3. Alle Zutaten vermischen.
4. In Silikonformen geben und ca. 2 Stunden einfrieren. Im Kühlschrank aufbewahren.

ZUSATZTIPP
Probieren Sie Himbeeren oder Brombeeren anstelle von Erdbeeren.

NÄHRWERTINFORMATIONEN (Pro portion)

Kalorien: 372   Fett: 41g   Eiweiß: 1g   Gesamt-Kohlenhydrate: 3g   Ballaststoffe: 1g   Netto-Kohlenhydrate: 2g

EISCREME
FETTBOMBEN

Portionen: 12   Vorbereitungszeit: 10 minuten   Kochzeit: Keine   Gefrierzeit: 2 stunden

ZUTATEN:

- 290g Proteinpulver von Ihrem Lieblingseisgeschmack
- 225g Cashewbutter
- 200ml Schlagsahne
- Stevia nach Geschmack

ZUBEREITUNG:

1. Die geschlagene Sahne in eine Schüssel geben und Eiweißpulver, Stevia und Cashewbutter vorsichtig unterheben.
2. Die Mischung in Silikonformen gießen und einfrieren.
3. Genießen Sie das gefrorene Dessert.

ZUSATZTIPP
Mit gehackten Beeren oder zuckerfreiem Sirup bestreuen.

NÄHRWERTINFORMATIONEN (Pro portion)

Kalorien: 250   Fett: 19g   Eiweiß: 11g   Gesamt-Kohlenhydrate: 10g   Ballaststoffe: 2g   Netto-Kohlenhydrate: 8g

Einfaches Keto Dessert-Bundle

HEIDELBEER-BOMBEN

Portionen : 12
Vorbereitungszeit : 15 minuten
Kochzeit : Keine
Gefrierzeit : 3-4 stunden

ZUSATZTIPP
Es müssen keine Heidelbeeren sein - versuchen Sie stattdessen Ihre Lieblingsbeeren.

ZUTATEN:

- 2 Esslöffel Mandelbutter
- 1 Esslöffel Kokosnussöl
- 1 Esslöffel Kakaopulver
- ¼ Teelöffel gemahlener Zimt
- Stevia nach Geschmack
- Eine Prise Salz

FÜR DAS TOPPING:

- 55g Bio-Butter
- 55g Frischkäse
- 50g pürierte Heidelbeeren
- 1 Esslöffel schwere Schlagsahne
- 1 Teelöffel Vanilleextrakt

ZUBEREITUNG:

1. Kombinieren Sie die Zutaten in einer Schüssel zu einer gleichmäßigen Mischung.
2. In einer mit Backpapier ausgelegten Auflaufform verteilen. Einfrieren, bis es gefroren ist.
3. In der Zwischenzeit die Zutaten für das Topping in einen Mixer geben und mixen, um sie aufzuschlagen.
4. Nehmen Sie den Boden aus dem Gefrierschrank und schneiden Sie ihn in Quadrate. Verteilen Sie den Belag auf jedem Feld und legen Sie ihn zurück in den Gefrierschrank.

NÄHRWERTINFORMATIONEN (Pro portion)

Kalorien: 77 Fett: 8g Eiweiß: 1g Gesamt-Kohlenhydrate: 1g Ballaststoffe: 0g Netto-Kohlenhydrate: 1g

Sommer-Rezepte

ZITRONENBOMBEN

Portionen : 12
Vorbereitungszeit : 5 minuten
Kochzeit : Keine
Gefrierzeit : 2 stunden

ZUSATZTIPP

Du kannst sie auch auf wie Lutscher auf Stäbchen stecken. Alles, was Sie tun müssen, ist, einen Holzspieß in jede Form zu stecken.

ZUTATEN:

- 110g Frischkäse
- 55g Bio-Butter
- 50g Kokosöl
- 3-4 Zitronen
- Stevia nach Geschmack
- Gelbe Lebensmittelfarbe (optional)

ZUBEREITUNG:

1. Die Zitronen entsaften und die Schale reiben.
2. Alle Zutaten in eine Küchenmaschine geben und gut vermischen.
3. In Formen gießen und einfrieren, bis sie fest sind.

NÄHRWERTINFORMATIONEN (Pro portion)

Kalorien: 75 Fett: 8g Eiweiß: 2g Gesamt-Kohlenhydrate: 1g Ballaststoffe: 0g Netto-Kohlenhydrate: 1g

WINZIGE WÜRZIGE EXPLOSIONEN

Portionen: 12   Vorbereitungszeit: 25 minuten   Kochzeit: Keine   Gefrierzeit: Keine

ZUTATEN:

- 155g Frischkäse
- 3 Jalapenos
- 12 Scheiben Speck
- 1 ½ Teelöffel getrocknete Petersilie
- ¾ Teelöffel Knoblauchpulver
- ¾ Teelöffel Zwiebelpulver
- ¼ Teelöffel kosheres Salz
- Pfeffer nach Belieben

ZUBEREITUNG:

1. Den Speck knusprig braten und in kleine Stücke schneiden.
2. Die Jalapenos in dünne Scheiben schneiden.
3. Den Frischkäse weich werden lassen und alle Zutaten (einschließlich Speck und Jalapenos) miteinander vermengen.
4. In kleine Kugeln formen und ca. 30 Minuten kalt stellen.
5. Mit einem Dip nach Wahl servieren.

ZUSATZTIPP

Verschwenden Sie kein Speckfett. Fügen Sie es auch der Mischung hinzu.

NÄHRWERTINFORMATIONEN (Pro portion)

Kalorien: 207   Fett: 19g   Eiweiß: 5g   Gesamt-Kohlenhydrate: 2g   Ballaststoffe: 1g   Netto-Kohlenhydrate: 1g

KÄSE-KNOBLAUCH-FETTBOMBEN

Portionen   : 12
Vorbereitungszeit : 7-10 minuten
Kochzeit   : Keine
Gefrierzeit   : Keine

ZUSATZTIPP

Wenn Sie möchten, können Sie auch etwas gehacktes Gemüse hinzufügen.

ZUTATEN:

- 460g geriebener Mozzarella-Käse
- 165g Keto-Brösel
- 4 Esslöffel Bio-Butter
- 2 Teelöffel Knoblauchpaste
- 2 Teelöffel Korianderpaste
- Salz nach Belieben

ZUBEREITUNG:

1. Alle Zutaten mischen. Die Konsistenz wird teigartig sein.
2. Mit den Händen zu kleinen, unregelmäßigen Formen formen. Es wird schwierig sein, Bälle zu bilden.
3. In Keto-Krümeln rollen und auf Backpapier legen.
4. Kühlen, bis sie fest sind (ca. 1-2 Stunden).
5. Mit einem Dip der Wahl servieren.

NÄHRWERTINFORMATIONEN (Pro portion)

Kalorien: 141 Fett: 11g Eiweiß: 9g Gesamt-Kohlenhydrate: 1g Ballaststoffe: 0g Netto-Kohlenhydrate: 1g

Copyright 2020 by Elizabeth Jane - All rights reserved.

ISBN 978-1-953607-04-1

For permissions contact:

elizabeth@ketojane.com or visit http://ketojane.com/

This document is geared towards providing exact and reliable information in regards to the topic and issue covered. The publication is sold with the idea that the publisher is not required to render professional advice, officially permitted, or otherwise, qualified services. If advice is necessary, legal or professional, a practiced individual in the profession should be ordered.

From a Declaration of Principles which was accepted and approved equally by a Committee of the American Bar Association and a Committee of Publishers and Associations.

In no way is it legal to reproduce, duplicate, or transmit any part of this document in either electronic means or printed format. Recording of this publication is strictly prohibited, and any storage of this document is not allowed unless with written permission from the publisher. All rights reserved.

The information provided herein is stated to be truthful and consistent, in that any liability, in terms of inattention or otherwise, by any usage or abuse of any policies, processes, or directions contained within is the sole and utter responsibility of the recipient reader. Under no circumstances will any legal responsibility or blame be held against the publisher for any reparation, damages, or monetary loss due to the information herein, either directly or indirectly.

The information herein is offered for informational purposes solely and is universal as so. The presentation of the information is without contract or any type of guarantee assurance.

The author is not a licensed practitioner, physician or medical professional and offers no medical treatments, diagnoses, suggestions or counseling. The information presented herein has not been evaluated by the United States Food and Drug Administration, and it is not intended to diagnose, treat, cure or prevent any disease. Full medical clearance from a licensed physician should be obtained before beginning or modifying any diet, exercise or lifestyle program, and physicians should be informed of all nutritional changes.

The author claims no responsibility to any person or entity for any liability, loss or damage caused or alleged to be caused directly or indirectly as a result of the use, application or interpretation of the information presented herein.

www.ingramcontent.com/pod-product-compliance
Lightning Source LLC
Chambersburg PA
CBHW061120070526
44583CB00028B/3347